애틋하고 그리운
나의 작은 모모에게

푸른 호수 밤 시나몬롤

코펜하겐에서 전해온
도시 생활자의 휘겔리한 삶

글과 사진 김성은

U B

Prologue   006

세 달의 여름

변덕스러운 여름날, 비디 위의 휴식   017

휘게에 대해 무엇을 상상하든   025

싱그러운 여름의 맛, 콜드스콜   032

채집의 미학   044

자동차보다는 자전거로   052

나, 우리가 살고 싶은 곳   058

소셜다이닝, 관계를 시작하는 가벼운 방법   066

삶의 단맛과 쓴맛을 함께하는 술   071

숲으로 가는 길, 모닥불 앞에서 나누는 식사   078

뜨거운 여름의 끝자락에서   086

애플 사이더, 싱그러운 여름을 떠나보내며   098

하얀 밤, 가장 긴 마지막 여름날   107

아홉 달의 겨울

아홉 달의 긴 겨울을 보내는 법   127

코펜하겐의 미식을 경험하고 싶다면   134

어두운 도시를 밝히는 아늑한 오렌지빛 조명   142

겨울을 알리는 북유럽식 밀크포리지   148

나의 사랑스러운 빈티지 마켓   156

코끝에 스며든 내추럴 와인   164

아침을 여는 모엔멜, 라이브레드   171

삶의 일부가 된 가구   181

꽃향기를 머금은 노르딕 로스팅   188

재즈를 사랑하는 이들에게   196

특별한 크리스마스의 점심을   206

손으로 만드는 일   216

기꺼이 좋은 빵을 기다리는 마음   222

사순절의 파스텔라운볼러   230

우리만의 작은 피크닉   236

부활절 달걀과 감초 젤리   244

Epilogue   248

작가와의 대화   252

　사월의 비가 아직 그치지 않은 늦은 오후. 루이즈 브로 다리를 걷다 잠시 멈추었다. 서서히 내려앉는 자줏빛 하늘 아래, 도시의 북부와 도심을 가르는 호수 위에 서서 지나가는 이들의 삶을 상상했다. 호수를 따라 긴 산책로를 천천히 걷는 사람들의 풍경 위로 유모차를 밀며 다정하게 이야기를 나누는 남녀와 벤치에 나란히 앉아 담소를 나누는 백발 부부의 모습이 눈에 들어왔다.

　대단할 것 없는 이 순간이 여행을 떠나오기 전 복잡했던 마음을 녹여준다. 무엇 하나 급하지 않고 자연스럽게 흘러가는 일상을 보내는 이들이 여유롭고 편안해 보였다. 멀리서 사람들의 표정을 바라보며 언젠가 이 풍경에 들어갈 수 있으면 좋겠다고 되뇌었다.

한국과 프랑스를 오가며 빠르게 흘러간 지난 몇 년의 시간들. 학부에서 식품 영양을 전공하며 쌓은 지식 위로 디저트에 대한 관심이 생겨 학교를 마치고 프랑스로 처음 유학을 떠났다. 학창 시절부터 이어져 온 나의 파리에 대한 동경과 좀 더 심도 있게 제과를 배우고 싶다는 욕구가 맞물려 결정한 스물세 살의 파리는 부모님의 아늑한 품을 벗어난 첫 독립이었다. 야생에서의 나는 아직 솜털이 보송보송하게 난 아기 새처럼 연약했고 사소한 부분부터 큰 결정까지 혼자 하는 법을 익히며 둥지 밖에서의 비행을 천천히 배워 나갔다.

학업이 끝나거나 일을 마치고 틈이 나면, 수시로 열리는 전시회나 책방을 찾아다니며 생각을 매만지는 데 시간을 들였다. 모임 자리에 참석하여 다른 분야의 사람을 만나며 틈틈이 문화와 언어를 익히는 것도 놓치지 않았다. 새로운 환경에서 만난 이들은 내가 나고 자란 문화권 안에서는 당연하게 여겨지는 것들이 당연하지 않다는 것을 상기해 주었고, 한 가지 주제를 다양한 시각으로 보는 법을 알려 주었다. 내성적인 성격 탓에 익숙하지 않은 환경에서 많이 실수하고, 또 경험하며 흘려보낸 프랑스에서의 이십 대는 나의 감각을 확장하고 생각을 열어주는 데 큰 역할을 했다.

이 생소한 문화에 서서히 젖어 들어 파리에서의 삶을 계획할 때쯤 예기치 않은 상황으로 인해 계획이 바뀌었다.

낭만적인 삶을 동경했던 파리에서 이십 대의 마지막을 마무리하고 오랜 고민 끝에 한국으로 돌아가야겠다는 결심이 섰다. 파리에서 지내면서 여행을 많이 하지 않았던 게 못내 아쉬워 계획한 북유럽 여행. 코펜하겐이라는 도시가 나와 잘 맞을 것 같다는 친구의 말에 무작정 여행지를 결정했다. 북유럽에 대한 막연한 그림을 그리고 시작된 짧고도 긴 이 주간의 여행은 그렇게 예기치 않은 새로운 곳에서의 꿈을 꾸게 해주었다.

공항에 내렸을 때 일렬로 흔들리던 빨간색, 하얀색 선이 교차한 국기들. 처음 접하는 뭉툭한 언어가 귓가를 울리며 덴마크에 온 게 서서히 실감 났다. 매일 아침 그려지는 수채화 같은 하늘 아래로 펼쳐지는 시간들.

머리 위로 재갈매기들이 날아다니고 붉은 벽돌로 지어진 건물벽마다 비스듬히 자전거가 놓인 사소한 일상 장면의 반복 가운데, 이른 아침이면 동네 카페에서 커피를 주문하고 날이 어둑해지기 전까지 천천히 도시를 살펴보며 목적 없는 걸음을 이어나갔다. 회색빛의 차가운 파리와는 대조적으로 따뜻한 톤의 도시에 다정해 보이는 사람들은 거리에서 살긋 눈이라도 스치면 옅은 미소로 인사를 건넨다.

오래된 것을 억지로 바꾸려 하지 않고 온전히 보존해 온 도시의 미감. 작은 숲에 서 있듯 녹지가 어우러진 환경은 여유롭고 묵묵한 시간으로 나를 다독여 주었다. 여행 오기 전 그럴싸한 레스토랑 하나 찾아보지 않고 온 터라 도심과 번화가가 어디인지도 모른 채 몇 시간을 걸어 다녔다. 종일 내리는 비마저 불편하지 않았고, 창가에 옹기종기 모여 담소를 나누는 사람들 곁에 잠시 머무르며 풍경을 나누기도 하고 사람들이 복작이는 마켓에 기웃거리며 이곳 사람들의 일상을 살펴보는 나날이 이어졌다.

하나의 문이 닫히면 또 다른 문이 열리기라도 하듯 예상치 못한 일들로 어그러진 상황은 뒤로한 채 훌쩍 떠나온 여행은 예기치 못한 작은 틈 사이로 새로운 삶의 가능성을 보여주었다. 반복적이고 익숙했던 일상에서 눈꺼풀이 벗겨지는 순간, 여전히 불투명하지만 가보지 않은 길을 나아갈 용기가 생겼다. 누군가와 사랑에 빠지는 순간, 직감적으로 신호를 읽어내듯 도시가 보내는 미세한 신호에 차분히 귀를 기울이고 방법을 찾아 나서기 시작했다.

덴마크에서 5년의 세월 동안 인생의 굵직한 선들이 그어졌다. 1년만 지내보자는 처음 계획과는 달리 소중한 가치를 나누는 이를 만나 함께 삶의 터전을 만들어가게 되었다. 시간이 흐른 지금에는 덴마크의 문화를 접하고 배우는 즐거움 너머 이곳 사람들에게 나의 뿌리 문화를 전할 수 있는 자리를 마련하고 싶다는 소망을 품는다.

이곳에 살아가다 보니 한국과 마찬가지로 봄, 여름, 가을, 겨울이 있고 계절마다 각기 다른 색으로 나무들이 옷을 갈아입는다는 것, 이곳만의 독특한 여름과 겨울이 있다는 것도 차차 알게 되었다. 짧은 만큼 빛나는 여름에는 몸을 움직여 근교로 바다 수영을 가고 집에 나만의 텃밭을 일군다. 휘게의 절정을 느낄 수 있는 겨울이면 촛불 앞에서 아늑한 시간을 보내며 미뤄둔 일들을 하고 계절에 따른 덴마크식 조리법을 만든다.

프리랜서로 일을 시작한 뒤로 때로는 한꺼번에 많은 일들이 몰려 정신없이 시간이 가고 어느 날은 끝없는 불안감이 밀려올 때가 있다. 그때마다 하루의 평범한 일상을 지켜내려 한다. 좋아하는 것을 찾으려 노력하고, 혼자 시간을 보내거나 가까운 이와 대화를 나누며 쳐진 기운을 회복한다. 그렇게 한 발짝 멀리서 새로운 관점으로 일을 바라보며 마음이 한결 가벼워짐을 느낀다.

그동안의 시간을 글자로 풀어내며 처음 덴마크에 왔을 때의 기억을 더듬고 이곳에 오는 사람들에게 전해주고 싶은 이야기를 세세하게 적어 내려갔다. 모두가 아는 인어공주 동상보다는 매일 일상을 살아가며 자주 발걸음하는 곳, 여행자의 시선으로 스쳐 지나기 쉬운 숨은 공간들과 더불어 사계절 각기 다른 덴마크의 풍경을 전하고 싶다.

북유럽의 느긋한 정서를 나의 일상으로 가져오고 싶은 이들에게 덴마크인의 삶을 한결 가까이서 지켜보며, 여러분도 매일 보내는 일상의 순간을 그저 스쳐 보내기보단 자세히 들여다보는 시간이 되기를 바라며.

2024년 봄
코펜하겐에서 김성은

세 달의 여름

누군가에게 여름의 맛은 시원한 수박 한 조각이며,

누군가에게는 과즙이 흘러넘치는 복숭아의

싱그러움이 될 수 있겠지만,

나의 북유럽의 여름은 야생 버섯과 베리,

그리고 엘더플라워의 맛으로 기억된다.

변덕스러운 여름날,
바다 위의 휴식

———

칠월, 한 해 중 가장 반짝이는 계절이 왔다.

뉴스에선 이탈리아와 스페인이 폭염으로 고생한다는 이야기가 들리지만 어쩐지 덴마크는 전년과는 확연히 다른 날씨다. 올여름은 유난히도 비가 많이 온다. 잠시 하늘이 맑은가 싶다가도 금세 창문으로 비가 한 방울 두 방울 떨어지기 시작한다. 작년 이맘때쯤엔 민소매를 입고 가볍게 다녔는데 요즘엔 긴 팔에 긴 바지, 어느 날은 코트를 입지 않고는 나가기 어려울 만큼 날씨가 서늘해졌다.

전 세계적으로 터지는 이상 기후를 보며 다시 한번 뜨거워지는 지구에 대해 돌아보며 반성하다가도 속으로는 이곳은 조금만 더 따뜻해졌으면… 하는 마음이 든다. 오늘도 날씨 이야기로 하루를 시작하다 바꿀 수 없는 것은 받아들이

기로 마음을 먹는다. 비가 많이 온 덕에 한동안 건조하게 말라가던 나무와 풀들이 충분히 목을 축일 수 있겠다고 생각하면 한편으론 다행이다 여기면서.

덴마크의 날씨는 하루 동안 네다섯 번씩 바뀔 만큼 변덕스럽다. 날이 맑고 화창하다가도 갑자기 비가 쏟아지고 따뜻하다가도 추운 날씨가 반복되다 보니 나의 옷장엔 여름옷과 겨울옷이 늘 섞여 있다. 한쪽엔 소매가 짧은 옷들을 두고 다른 한쪽엔 언제 추워질지 몰라 꺼내 둔 가을, 겨울옷 몇 벌을 넣어 둔다.

한 해의 반은 비가 내리는 덴마크에서 레인 코트는 필수품이다. 특히 자전거를 타는 날엔 레인 코트에, 레인 팬츠, 레인부츠까지 신고 단단히 준비한다. 아무래도 입는 일이 많다 보니 평상시에 입기에도 무리가 없도록 깔끔하게 디자인이 잘 되어있어서 재킷 대용으로도 종종 입고 다닌다.

매년 여름이 되면 보트를 빌려 한 시간 남짓 운하를 돌며 시간을 보내곤 한다. 물 위에서 도시를 둘러보는 일은 늘 설렘을 안겨다 준다. 기분 좋은 바닷바람을 맞으며 지상에서 익숙하게 보던 도시와는 또 다른 풍경을 보는 일은 도시를 낯선 여행자의 눈으로 바라보게 만든다.

이번 주엔 몇 주 전부터 미리 약속했던 남편 회사 동료와의 보트 세일링 모임이 잡혀 있다. 날이 화창하기를 바라며, 주말이 오기 전부터 몇 번씩 날씨를 확인했다. 다행히 비가 오지 않아 다 같이 보트가 정박하여 있는 항구로 향했다. 차로 10분 정도 달려 도착한 항구엔 크고 작은 모양의 보트가 줄지어 있었다.

바다로 둘러싸인 덴마크는 이렇게 주말이면 항해하러 가는 사람들을 쉽게 볼 수 있다. 항구에는 데이지, 에바, 아멜리 등 보트마다 적혀있는 여성의 이름이 눈에 들어왔다. 한때 바이킹족들이 바다의 신 포세이돈에게 처녀 재물을 바치던 관습을 따라 이름이 지어지기 시작해 지금까지도 흔적이 남아있다.

밀레라고 적힌 보트에 다다랐을 때 보트의 주인인 헨릭이 먼저 올라타 자리를 잡고 있었다. 남은 사람들도 뒤이어 올라타 의자에 쿠션을 펼치고 조립식 테이블을 만들며 항해를 준비했다. 뱃머리에 앉은 헨릭이 시동을 걸자 배 뒤편에서는 남은 사람들이 묶여있던 로프를 풀기 시작한다. 덴마크에 와서 타본 보트라고는 코펜하겐의 운하를 가로지르는 보트가 전부였기 때문에 시작부터 기분이 들뜬다.

오늘은 바람이 강해 멀리 가진 못하기에 항구에서 가까운 바다 가운데로 조심스럽게 들어갔다. 멀찍이 보트를 타고 지나치는 이들이 한 손을 올려 배 인사를 건넨다. 차가워진 바닷바람이 머리칼을 쓸어내리고, 몸을 감싸듯 보드라운 담요에 파묻힌 채 가져 온 맥주를 꺼내 홀짝였다. 바다 한가운데 다다랐을 때쯤 시동을 끄고 멈추어 이 고요한 적막을 즐긴다. 멍하니 하늘을 바라보다 눈을 감고 크게 숨을 내쉬어 본다. 아무것도 하지 않는 이 순간. 우리는 어쩌면 제대로 쉬는 법을 잊은 채 살지 않았을까.

갈매기들이 하늘을 가로질러 날아다니다 인사를 건네듯 소리를 내며 지나간다. 불어오는 바람에 파도가 일렁이고 잠잠했던 보트가 춤을 추듯 덩달아 움직인다. 파도가 거세지기 전에 오늘은 이 정도로 마무리하고 뱃머리를 돌렸다. 툭툭 떨어지는 비에 재빨리 몸을 움직여 배를 묶어두고 헨릭의 집으로 향했다.

집에 도착하자마자 세 마리의 작은 강아지가 왈왈 짖으며 정원에서부터 우리를 반겨 주었다. 연못이 있는 작은 길을 지나 집으로 들어서자, 반대편으로 넓은 정원이 보인다. 처음 만나는 부인 샤를로테는 반갑게 우리를 맞아주고는 부엌으로 돌아가 남은 요리를 시작했다. 헨릭이 그릴에 불을 붙이고 미리 양념해 둔 양고기를 꺼내왔고 우리는 자리에 앉아 와인잔을 나눴다.

밖을 내다보니 그새 비가 그치고 촉촉해진 정원 위로 해가 스며들기 시작했다. 가지런히 준비된 테이블엔 그녀가 좋아한다던 작약 네 송이와 가지런히 놓인 그릇이 손님들을 맞이하고 있었다. 맛있게 구워진 냄새가 솔솔 정원에 퍼질 때쯤 테이블은 신선한 제철 음식들로 가득 채워졌다.

간단하지만 재료 본연의 맛에 충실한 덴마크 음식. 완두콩을 크림에 넣어 만든 완두 샐러드와 덴마크식 포테이토 샐러드. 그리고 토마토를 얇게 저며 치즈와 함께 내온 샐러드 등 여러 음식이 알록달록 테이블을 채우고 직접 구운 몰트 향 가득한 빵과 실파를 다져 넣은 버터가 눈에 들어온다.

일하고 돌아와서 피곤했을 텐데도 이렇게 정성 들여 음식을 준비해 준 마음이 참 고맙게 느껴진다. 양고기를 조금씩 잘라 그릇에 올리고 각자 먹을 만큼 샐러드를 담아 식사를 시작한다. 식사 내내 곁들일 레드 와인과 덴마크 섬에서 만들어진 럼, 다양한 종류의 술이 연달아 올라오고 밝혀둔 작은 촛불이 서서히 타들어 갈 때까지 한참을 자리에 앉아 이야기를 이어갔다.

저녁 식사가 끝나고 케이크와 차를 나눌 때쯤 칭얼대던 강아지들도 어느새 피곤해졌는지 품으로 파고들어 잠을 잔다. 대단할 것 없지만 충분히 편안하고 즐거운 이 순간.

낮은 조명 아래 오래된 컨트리 음악이 흘러나오고 격식 없이 편안하게 좋아하는 사람들과 시간을 나누고 서로에 대한 이야기로 채워간다.

휘게란 바로 이런 순간을 의미하는 게 아닐까.

휘게에 대해
무엇을 상상하든

———

    계단을 내려가는 소리와 함께 문이 닫힌다. 근 한 달만인 남편 이바의 사무실 출근. 평소엔 일주일에 한 번 내지 두 번 정도 사무실로 출근하지만, 이번 주엔 여름휴가로 사무실에 오는 사람이 없어 내내 재택근무를 했다. 가끔 동료들을 보러 가거나 큰 미팅이 있을 때를 제외하곤 주로 집에서 근무하는 것을 선호해서 그의 사무실 출근은 드물다.

    물론 직종과 회사 시스템에 따라 다르지만 대체로 자유로운 근무 형태를 취하는 덴마크 회사들은 자기 할 일을 다해내기만 한다면, 일하는 시간을 유동적으로 조절할 수 있다. 근무 시간과 장소보다는 근무 효율성과 업무 실적을 중요시하는 문화라 할 수 있다.

    근무는 보통 9시에 시작해 오후 4시 정도에 마친다. 심지어 오후 3시 혹은 그 이전에 일을 마치고 집으로 가는 경우도 흔해서 아이가 있는 사람들은 일찍 근무를 마치고 어린이집에 맡긴 아이를 데리러 간다. 그러다 보니 덴마크의 대중교통은 3~4시 정도가 러시아워다. 이렇게 일찍 근무를 마치고 나면 낮에 처리해야 하는 일들을 할 수 있고, 집에 돌아와 충분히 휴식을 취하며 재충전할 여유가 생긴다.

그의 경우 회사에 가더라도 6시면 집에 돌아오기 때문에 대부분의 날은 함께 저녁 식사를 한다. 서로가 바쁜 날엔 간단한 음식을 포장해 와서 먹기도 하지만 보통은 저녁 시간에 여유가 있기 때문에 함께 시간을 들여 식사 준비를 한다. 집밥을 잘 챙겨 먹는 것, 건강한 식습관을 갖는 게 얼마나 중요한지 누누이 듣고 자란 터라 이렇게 충분한 개인 시간을 누릴 수 있음에 감사하다.

덴마크의 근무 환경은 각자 개인의 생활을 충분히 보호하면서 스트레스받지 않고 살아가는 데 초점이 맞추어져 있다. 한 해 25일의 유급휴가를 통해 긴 휴식 시간을 가질 수 있고 휴가를 쓸 때도 눈치 보지 않고 쓸 수 있기에 긴 여행을 계획하는 데도 전혀 무리가 없다. 휴가와는 별도로 아프면 병가 휴가를 내어 쉴 수 있다. 출산 휴가의 경우에도 52주의 휴가가 주어져 부모가 원하는 만큼 나눠 쓸 수 있어 아이가 어릴 시기에 부모와 충분한 시간을 보낼 기회가 주어진다. 어찌 보면 이러한 환경으로 인해 육아가 한결 수월해져 높은 출산율에 도움되는 면이 있지 않을까 조심스럽게 생각해 본다.

보통 흔히 북유럽 복지하면 떠오르는 'From cradle to grave', 요람에서 무덤까지 국민을 책임지겠다는 포고와 같이 실제로 태어난 순간부터 눈을 감는 순간까지 다양한 방식으로 국가에서 지원받는다. 어린이집을 제외한 모든 교육 과정이 무상으로 제공되고 대학 과정까지의 학비를 지원하기에 사람들이 원하는 공부를 할 충분한 기회를 준다. 또한 대학 동안 정부에서 매달 교육 지원금이 나와 학업에 온전히 집중할 수 있게 도와준다.

이 외에도 덴마크에는 높은 급여 등 분명 우리가 들어보았을 만한 수많은 복지와 혜택이 있다. 하지만 어떤 동전이든 양면이 있는 법. 덴마크의 근무 환경은 유연하고 자유롭지만, 예상외로 해고 절차가 쉬워 회사가 자유롭게 노동자를 해고할 수 있다. 심지어 9개월 미만의 생산직 종사자는 예고 없이 해고 통보가 가능하다. 다행히 해고되더라도 장기간의 실업 수당을 제공하기에 보통 사람들이 크게 걱정하지는 않는 편이지만 말이다.

휴가가 많은 덴마크는 노동자에겐 천국이지만, 이 때문에 난감할 때가 많다. 여름철과 연말만 되면 공공기관마저 담당자가 개인 휴가로 자리를 비우는 경우가 많아 행정 처리에 오랜 시간이 걸리는 것은 흔한 일이다. 중요한 업무가 있으면 반드시 휴무일을 확인하고 계획해야 한다. 휴가철이면 공공기관뿐 아니라 레스토랑과 가게들 또한 너나 할 것 없이 문을 닫기 때문에, 사전에 미리 찾아보고 방문해야 당황스러운 상황을 피할 수 있다.

이곳에선 굳이 필요 이상의 일을 하거나, 일을 많이 하는 것을 미덕으로 보지 않기에 각자의 할 일을 마치면 미련 없이 떠나는 게 당연하다.

하지만 무엇보다 가장 피부로 와닿았던 부분은 덴마크의 보수적인 이민자 정책이었다. 여행을 통해 덴마크를 만나게 되었고 사랑에 빠져 이곳에 정착하기로 결심했지만, 돌이켜보면 그 과정은 결코 쉽지 않았다. 덴마크에서 일하면서 쉐프라는 직업의 특성상 매일 같이 긴 시간 서서 일해야 했지만, 함께하는 사람들과 교류하는 열정이 좋았고 새로운 감각과 식재료에 눈을 뜰 수 있어 행복했다.

어느덧 일 년이 지나고, 비자 갱신을 해야 하는 시기가 다가오기 전까지 어떤 난관이 나를 기다리고 있는지 그땐 미처 생각하지 못했다. 비자 갱신을 준비하며 헤드 쉐프가 많은 부분을 확인하고 도와주었다. 고맙게도 비자 갱신이 될 때까지 내내 기다려주었다.

지원서를 제출하고 이민 센터의 답변을 기다리는 시간은 길고 불투명했다. 비자를 기다리는 동안은 당연히 근무할 수 없고, 전화를 걸어도 '78번째 순서입니다.'라는 멘트만 흘러나올 뿐이었다. 전화를 붙잡고 두 시간가량 기다린 후에야 겨우 이야기를 나눌 수 있었다.

답답한 마음에 이민 센터를 찾아가는 경우에는 불쾌하다는 듯한 태도로, 기다리는 다른 사람들을 생각해서 '찾아오지 말라.'는 답변만 받을 수 있었다. 한 달 정도 기다리면 나온다던 비자는 세 달이 지나서야 답변이 돌아왔고, 그 답변은 '거절'이었다.

충분한 체류비, 일할 수 있는 자격과 계약서 등 모든 조건을 갖추었음에도 이렇게 거절당하는 상황이라니 매우 당황스러웠다. 그제야 주변에 조언을 구해보니 덴마크는 이민에 우호적이지 않다는 이야기를 해주었다. 덴마크에서 6년 넘게 일했던 쉐프, 학위도 있고 업계에서 15년 이상 일했던 사람들, 가족을 동반한 사람들, 따질 것 없이 모두 거절당해 본국으로 돌아가야 했다. 백만 원에 달하는 비자 신청비를 내고 거절당할 경우 이마저도 돌려받을 수 없다. 한번은 쉐프 비자의 96퍼센트의 케이스가 거절된다는 사실이 밝혀지면서 이민청 앞에서 시위가 벌어지기도 했다.

이렇게 두 번의 비자 신청을 거절당하며 마음고생을 했지만, 아직 덴마크에서 하고 싶은 일들이 남아 있었기에 다시 차근차근 과정을 밟아나가기 시작했고, 길고 긴 기다림 끝에 덴마크에 정착할 기회를 얻게 되었다. 이 지루한 인내의 시간을 함께 고생하고 기다려주고 도와준 이들에게 그저 고마울 따름이다.

돌이켜보면 정신없이 바쁜 레스토랑에서의 생활을 거쳐 현재 나의 일을 하기까지 고민도 많았고, 우여곡절도 참 많았다. 하지만 그 순간의 여러 선택에 후회는 없다. 5년이라는 짧지도 길지도 않은 시간을 보내며 여행자로서는 보이지 않던 덴마크의 좋은 점과 부족한 부분을 하나둘 알아가고 있다.

누군가를 사랑하는 마음이 그렇지 않은가. 그 모든 것이 그 사람을 이루는 부분이라는 것을 알기에. 지금 이곳이 우리 삶의 터전이라는 것을 기억하며 가능하면 좋은 점을 보려 마음을 다졌다.

싱그러운 여름의 맛,
콜드스콜

―――――

날이 따뜻해지는 초여름에 들어서면 마켓은 제철 과일과 채소로 풍성해진다. 아직 이른 여름이지만, 서서히 다가오는 계절을 맞이하며 알록달록한 색감의 채소들이 매대를 가득 채운다. 겨울의 뿌리채소들이 자취를 감추고 비워둔 자리엔 햇빛을 가득 머금은 빨간 토마토와 단단하게 잘 자라난 대파가 들어섰고 대신, 여름에만 맛볼 수 있는 쫄깃한 식감의 하지 감자가 한 바구니 채워져 있다.

감자는 빵과 더불어 덴마크의 대표적인 주식이자 사시사철 즐겨 먹는 채소지만, 여름에는 그중에서도 가장 맛있는 감자를 먹을 수 있다. 덴마크에서는 다양한 종의 감자들이 생산되고 쉽게 구할 수 있는 덕분에 자신이 좋아하는 맛과 식감에 따라 골라 요리할 수 있다. 6월경에 나오는 햇감자는 덴마크어로 '새로운 감자'라는 뜻의 '뉘 카토플러Nye Kartoffler'라고 불린다. 미성숙한 감자를 한여름 짧은 기간 동안만 맛볼 수 있게 내놓은 특산품으로 감자의 당분이 아직 완전히 탄수화물로 변하기 전 상태로 판매되기 때문에 싱싱한 식감과 단맛이 좋기로 유명하다.

굵은 소금으로 잘 비벼가며 감자를 세척해 8분 정도 삶으면, 딱 먹기 좋은 상태로 완성된다. 감자를 삶을 때 냄비에 딜, 유채, 회향 등을 함께 넣어 은은한 향을 더하기도 하고 차가운 버터와 마요네즈를 곁들여 먹기도 한다.

'라이브레드Rye Bread'에 잘 삶아진 생감자를 넣고 훈제 치즈와 좋아하는 허브를 곁들이면 클래식한 여름의 맛을 고스란히 품은 한 접시가 완성된다.

덴마크 음식에는 허브를 곁들이는 일이 많아, 허브를 사와 기르곤 한다. 슈퍼마켓에서는 미리 손질된 허브와 허브를 모종째 판매하는 걸 쉽게 볼 수 있다. 특히 해가 잘나는 여름에는 딜과 차이브, 바질 모종을 하나씩 데려와 심어두면 여름 내내 집에서도 싱싱한 허브를 즐길 수 있다. 날이 서늘해지기 시작하면 딜과 바질은 빠르게 시들지만, 생명력이 강한 차이브는 쌀쌀한 덴마크의 겨울도 거뜬히 난다.

누군가에게 여름의 맛은 시원한 수박 한 조각이며, 누군가에게는 과즙이 흘러넘치는 복숭아의 싱그러움이 될 수 있겠지만, 나의 북유럽의 여름은 야생 버섯과 베리, 그리고 '엘더플라워Elderflower'의 맛으로 기억된다. 덴마크어로 '칸타렐라Kantareller', 대게는 '샹트렐Chanterelle'이라고 불리는 꾀꼬리버섯은 프랑스를 비롯해 여러 유럽 국가에서 귀한 대접을 받는 황금빛 야생 버섯이다. 살구가 떠오르는 싱그러운 향과 특유의 흙 향을 지녀 적은 양으로도 굉장한 존재감을 뿜어낸다. 특유의 향이 좋아 그대로 오일에 절여 보관하기도 하고, 소스를 만들 때 넣거나 파스타에 넣어 풍미를 더한다.

샹트렐은 야생에서 채취할 수 있어 도시와 가까운 곳에서는 쉽게 찾아보기 어렵지만, 이렇게 마켓에 한가득 나오는 날이면 한 움큼 집어 수프를 만들고 칸타렐라 소스를 만든다. 버섯을 잘게 찢고 크림을 넣어 만든 소스를 버터에 살짝 구운 연어 위에 곁들이면 숲과 바다의 향이 한입에 물씬 느껴진다.

북유럽의 베리류는 알이 작지만, 향긋함과 맛이 진하게 응축되어 있다. 마켓에 딸기, 체리, 구즈베리, '솔베어Solbær'라고 불리는 블랙커런트까지 각가지 베리들이 줄을 맞춰 진열되어 있는 걸 보면, 차마 외면하지 못하고 조금씩 담아 집으로 돌아온다. 한국에서는 생소하지만, 북유럽 전역에서 사랑받는 구즈베리는 독특한 감칠맛을 지닌 베리로 덴마크어로는 '스티켈스베아Stikkelsbær'라 부른다. 생과일을 찾아보긴 어렵지만 구즈베리로 만든 잼이나 시럽을 마켓에서 만날 수 있다. 운 좋게 생과일을 구한다면, 그 자체로 먹어도 충분하지만 샐러드에 곁들여 먹거나 반죽에 넣어 파이를 만들면 또 다른 맛을 즐길 수 있다.

상대적으로 야생 베리류가 풍부한 핀란드의 경우, 마켓에서 종류별로 수많은 베리류를 구입할 수 있고 자연에서도 쉽게 찾아볼 수 있다. 핀란드에 사는 이바의 고모, 야나의 냉동실에는 여름철 따 둔 야생 블루베리가 한가득 얼려져 있다. 이렇게 저장해 둔 블루베리는 겨울에 부족해지기 쉬운 비타민을 채워주곤 한다.

종종 마켓에서는 알이 크고 먹음직스러워 보이는 스페인산 딸기와 덴마크 딸기를 나란히 두고 판매한다. 몇 번의 시행착오 끝에 이젠 늘 덴마크 딸기를 담아온다. 덴마크 딸기는 서늘한 기후에서 천천히 익기 시작해 알이 작지만, 과즙이 풍부해 맛이 달콤하고 향긋한 게 특징이다. 이렇게 잘 익은 베리가 나올 때면 한 바구니 담아와 샐러드에 넣거나 딸기를 넣은 드레싱을 만들기도 하고 조금 무른 딸기를 모아 잼을 만들어 두면 일 년 내내 든든하다.

　마트에서 흔히 보긴 어렵고, 종종 텃밭이나 정원에서 자라는 야생 딸기는 그중에서도 귀한 편이다. 일반 딸기의 절반 정도 크기로 아삭한 식감과 부드러운 산미에 딸기 본연의 향이 풍부하다. 전에 살던 집 마당엔 늘 야생 딸기와 라즈베리를 비롯한 싱싱한 허브가 자라고 있어 철이 되면 종종 오가며 하나씩 뜯어 먹는 게 하루의 큰 즐거움이 되곤 했다.

　이렇게 딸기가 맛있어지는 이른 여름엔 덴마크인이 사랑하는 '콜드스콜Koldskål' 시즌이 시작된다. 콜드스콜은 덴마크의 대표적인 여름 디저트로 바닐라빈을 넣은 버터밀크에 '카메융커Kammerjunker'라는 바닐라 비스킷을 잘게 부수어 넣고 얇게 썬 딸기와 민트를 올리면 완성이다. 부드러운 크림과 상큼한 딸기에 싱그러운 허브향이 더해져 더운 여름날 지친 기분을 상쾌하게 만들어 준다.

콜드스콜
Koldskål

재료	
· 우유 500ml	· 버터밀크 kærnemælk 500g
· 레몬주스 4t	· 생크림 40g
· 달걀 노른자 1개	· 레몬 제스트 1/2개
· 바닐라빈 1/3개	· 카메윰커
· 설탕 40g	

HOW TO

1. 우유에 레몬주스를 넣어 섞은 뒤 한켠에 둔다.
2. 큰 보울에 설탕, 바닐라, 달걀 노른자를 넣고 믹서로 충분히 섞어준다.
3. 노른자 혼합물에 버터밀크와 크림, 레몬 제스트 넣고 섞어준다.
4. 생크림을 넣고 섞은 뒤, 냉장고에 2시간 이상 보관한다.
5. 접시에 콜드스콜 베이스를 담고 슬라이스한 딸기와 카메윰커, 민트 잎을 올려 완성한다.

카메융커
Kammerjunker

재료	
· 통밀가루 30g	· 바닐라 익스트랙 1t
· 박력분 100g	· 버터 50g
· 베이킹파우더 Bp 1t	· 달걀 1알
· 황설탕 60g	· 레몬 제스트 1개

HOW TO

1. 보울에 통밀가루, 박력분, 베이킹파우더, 황설탕을 넣고 잘 저어준다.

2. 파우더류에 버터를 넣어, 손으로 부수듯 잘게 섞어 준다.

3. 달걀, 레몬 제스트를 넣고 섞은 뒤, 길게 롤을 만들어 1cm 정도 간격으로 잘라 납작한 공 모양을 만들어 준다.

4. 반죽을 트레이에 올려 180도 오븐에 12~15분 정도 구워준다.

때로는 채집 전문가와 산으로 바다로 채집하러 다니며

음식에 올릴 식재료를 찾아다녔다.

그럴 때면 자연이 얼마나 풍성하고 너그러운지 배울 수 있었다.

길가에서 만나는 체리와 야생 자두,

라즈베리부터 다양한 종류의 버섯과 허브까지,

조금만 잘 들여다보면 수많은 식재료가 길거리에

널려있다는 것을 알 수 있다.

채집의
미학

―――――

새싹이 움트고 날이 조금씩 풀리기 시작하면 숲으로, 바다로 허브와 버섯, 야생 꽃들을 찾아 채집하러 다니고 싶은 마음이 슬슬 올라온다. '채집'. 사전적 정의로는 '널리 찾아서 얻거나 캐거나 잡아 모으는 일'이라는 의미를 지니며 그것은 풀이 될 수도 있고 나무, 이끼, 버섯, 해조류 등 다양한 종류로 확대된다.

사계절 내내 할 수 있는 일이지만, 대개 늦은 봄에서 초가을 사이 곳곳에 채집할 거리가 풍성하게 펼쳐지기에 이때를 놓치지 않고 몸을 부지런히 움직인다. 도시에서 자란 탓에 채집이라면 기껏해야 수업 시간에 한 곤충 채집과 꽃잎을 따서 말려 둔 정도밖에 되지 않았는데, 이곳에 와서는 하나의 자연스러운 일상이 되었다.

자연 그대로의 맛을 중요시하는 북유럽 요리, 코펜하겐의 미쉐린 식당에서는 채집 전문가들과 협력하여 일하고 농장과 직접 연계하여 일하는 모습을 쉽게 볼 수 있다. 예전에 일하던 레스토랑에서는 농장에서 직접 허브와 채소를 길러 식탁에 올리고 야생에서 채집한 독특한 허브를 접시에 내곤 했다. 때로는 채집 전문가와 산으로 바다로 채집하러 다니며 음식에 올릴 식재료를 찾아다녔다. 그럴 때면 자연이 얼마나 풍성하고 너그러운지 배울 수 있었다. 길가에서 만나는 체리와 야생 자두, 라즈베리부터 다양한 종류의 버섯과 허브까지, 조금만 잘 들여다보면 수많은 식재료가 길거리에 널려있다는 것을 알 수 있다.

흔히 볼 수 있는 햇빛을 가득 머금은 노란 야생 자두는 그대로 먹어도 맛있지만, 청을 담그거나 잼으로 만들어 보관하고, 소금에 절인 뒤 요리에 넣어 사용하기도 한다. 굳이 요리하지 않더라도 자연에서 마주하는 과일들을 톡톡 따먹는 것만으로도 즐거운 일이다.

이러한 채집의 과정은 덴마크뿐 아니라 북유럽 전반에서 종종 찾아볼 수 있는 문화다. 지난 여름 핀란드에 있는 시댁에 갔을 때 집 근처 숲에 산책을 다녀오는 길에 슈퍼마켓에서 비싸게 팔리던 노란 야생 꾀꼬리버섯이 곳곳에 널려 있어 놀랐던 기억이 난다. 숲에 널려 있는 야생 꾀꼬리버섯을 따서 한 바구니 담아오자, 시할머니께서 꾀꼬리버섯 수프를 만들어 주셨다. 신선한 숲의 향이 가득한 그 맛이 지금도 한 번씩 생각난다.

핀란드에서는 야생 블루베리를 흔하게 볼 수 있다. 우리가 슈퍼마켓에서 보는 보통의 블루베리보다 알은 훨씬 작지만, 맛은 더욱 달콤하고 진하다. 블루베리를 채집하는 날이면 한 아름 따와 얇게 도우를 밀어 블루베리 파이를 만들까, 이바가 가장 좋아하는 핀란드식 블루베리 수프인 '무스티카케이토Mustikkakeitto'를 만들까, 생각하다 어느새 블루베리로 붉게 물든 손끝과 가벼워진 바구니를 발견하곤 한다.

여름을 대표하는 허브는 수없이 많지만, 북유럽의 여름을 떠올리면 생각나는 엘더플라워는 날이 따뜻해지기 시작하면 덴마크 이곳저곳에서 하얗게 피어난다.

서양 딱총나무꽃이라고도 불리는 이 작은 얼굴을 한 꽃봉오리는 부드러운 맛과 향을 지녀 차로 마시거나 잼으로 만들어 먹는다. 따뜻하게 우려내 차로 마시면 환절기 감기를 예방하고 몸에 쌓여있는 독소 배출을 돕는 역할을 해 서양에선 약용 허브로 종종 사용된다.

시중에서도 쉽게 엘더플라워 시럽을 구할 수 있지만, 대량 생산된 제품은 직접 만든 것만 하지 못해 엘더플라워로 꼭 시럽을 만들어 두곤 한다. 올해도 엘더플라워를 한 움큼 따와 깨끗하게 씻고 사용하기 좋게 손질해 줄기에서 봉오리만 손으로 톡톡 뜯어낸 뒤 술을 담그고 '코디얼Cordial'도 만들어 둔다. 코디얼은 과일에 물과 설탕을 넣고 가열해 맛과 향을 추출해 만드는 일종의 시럽인데, 이렇게 만들어둔 코디얼을 차가운 물이나 탄산수에 넣어 시원하게 마시거나 샐러드 드레싱 또는 디저트 위에 시럽을 살짝 올려 마무리하기도 한다.

엘더플라워 만큼 쉽게 구할 수 있는 야생 장미도 꽃잎부터 씨앗 주머니까지 두루 식용으로 사용할 수 있어 발견할 때면 꼭 채집해 오는 식물이다. 꽃잎으로는 주로 시럽이나 젤리를 만들고, '휘븐Hyben'이라 불리는 로즈힙 부분으로는 잼이나 수프 혹은 차를 만들어 먹는다. 야생 장미는 이렇게 다양하게 사용할 수 있는 매력적인 식물이지만, 따오는 과정에서 종종 개미나 작은 벌레가 함께 딸려 올 수 있으니 주의하여 잘 씻어 사용해야 한다.

채집은 영어로 직역하면 '먹이를 찾는다'라는 의미를 지닌다. 덴마크에서는 사유지를 제외한 공간에서 누구나 채집할 수 있지만, 상업적인 용도의 사용은 금지되어 있다. 무엇보다 식물을 무분별하게 채취하거나 자연을 훼손하지 않기 위해 노력하는 자세가 가장 중요하다.

덴마크 유틀란트 법의 채집에 관한 조항 중에는 '자신의 모자에 담을 수 있는 만큼만 담아라.'라는 말이 있다. 그 말인즉슨 자신이 먹을 양만, 필요한 용도에 맞게 채집해 즐기라는 의미다. 매번 채집할 때 이 말을 잊지 않고, 자연에 감사하는 마음으로 대하려 한다. 모두가 자유롭게 사용할 수 있지만, 동시에 자연을 존중하는 것. 덴마크식 채집을 통해 야생 동물과 자연을 사려 깊게 배려하는 법을 배워간다.

엘더플라워 리큐어

재료	

· 엘더플라워 헤드 10 송이

· 보드카 500ml

· 물 50ml

· 설탕 60g

HOW TO

1. 완전히 핀 엘더플라워 헤드 10송이를 준비한다.

2. 줄기에서 부드럽게 꽃 부분만 뜯어내 소독한 유리 병에 담는다.

3. 유리병에 준비된 보드카를 담는다.

4. 유리병을 잘 밀봉하여, 서늘하고 어두운 곳에 2주간 보관한다.

5. 냄비에 설탕과 물을 넣고, 설탕이 녹을 정도로 끓인 뒤 한 김 식힌다.

6. 2주간 우려난 리큐어를 체에 거른 뒤, 녹인 설탕물 과 잘 섞어 유리병에 담아준다.

7. 완성된 리큐어는 서늘하고 어두운 곳에서 보관한다.

야생 장미 시럽

재료	
· 물 500ml	· 오렌지 반 개
· 설탕 400g	· 레몬 1개
· 야생 장미 꽃잎 1줌	· 구연산 1큰 술

HOW TO

1. 냄비에 물과 설탕을 넣고, 센불로 끓인 뒤 한 김 식혀준다.
2. 야생 장미잎, 오렌지, 레몬, 구연산을 넣고 구연산이 녹을 정도로만 저어준 뒤 하룻밤 정도 둔다.
3. 다음날 장미 시럽을 체에 걸러 소독한 유리 용기에 넣는다.
4. 완성된 시럽은 한 달간 냉장 보관 가능하다.
5. 시럽을 탄산수 위에 한 스푼 정도 넣거나 칵테일을 만들 때 사용한다.

자동차보다는
자전거로

———

긴 여행을 마치고 공항에서 벗어나 돌아오는 길. 가장 먼저 피부로 와닿는 건 맑고 가벼운 공기의 촉감이었다. 숨을 들이마실 때마다 느껴지는 무색무취의 공기는 내가 이곳에 돌아왔음을 상기해 준다. 숲이 많은 자연환경도 일조하겠지만, 환경을 보호하고자 하는 정부와 국민의 숨은 노력이 더해져 덴마크는 대기의 질이 깨끗하기로 손꼽힌다.

사람들의 일상에도 환경 보호의 움직임이 자연스럽게 녹아들어 자가용을 타는 대신 자전거를 타고 이동하고, 플라스틱 사용을 줄이기 위해 노력하며, 유기농법으로 재배한 식재료를 구매하는 등의 작은 노력을 더한다. 코펜하겐 시내의 차도가 붐비는 일은 드물지만, 자전거 도로가 가득 차는 일은 흔히 볼 수 있다.

덴마크에 와서 달라진 가장 큰 생활 습관은 자전거로 이동하는 일이다. 처음 이곳에 와 근무를 시작할 때 매일 자전거로 출퇴근했던 것이 몸에 남아, 이제는 자연스러운 습관으로 자리 잡았다. 체력이 중심이 되는 나의 일 특성상 매일 아침, 저녁으로 30분씩 자전거를 타며 하루를 시작하는 일은 기분 좋은 상쾌함을 가져다 주었고, 하루가 다르게 점차 다리 근육에 힘이 붙는 것을 느낄 수 있었다.

무엇보다 자전거를 타면 대중교통을 이용하는 것보다 빠르게 도착할 수 있고, 대중교통이 비싼 덴마크에서 교통비를 모으면 꽤 큰 절약이 된다. 예전이라면 비 오는 날의 자전거를 상상도 못 했을 일이지만, 날씨를 탓하기보단 날씨에 대비하여, 비가 오나 눈이 오나 레인 팬츠에 레인코트까지 껴입고 단단히 준비하고 집을 나선다.

덴마크인의 90퍼센트가 개인 자전거를 소유하고 있지만 개인 자전거가 없는 경우에도 렌탈 자전거가 설치되어 있어 여행자 혹은 급하게 자전거가 필요한 경우에 언제든 편리하게 사용할 수 있다. 출퇴근을 위한 자전거 고속도로가 따로 마련되어 있을 정도로 정부에서도 자전거 사용을 적극 지원하며, 자전거 이용은 일상으로 자리 잡았다.

자전거 사용이 빈번하다 보니, 이곳에서의 자전거는 자

동차와 같은 역할을 하여 도로 규칙이 정해져 있다. 깜빡이를 대신하여 손으로 가는 방향과 멈춤을 알리거나 우회전할 땐 오른쪽으로, 좌회전할 땐 왼쪽으로 손을 내리고 멈출 때는 한 손을 들어 뒷사람에게 정지 신호를 보낸다. 수신호는 서로를 위한 배려이자 보호의 행위로 어린아이들부터 나이 지긋하신 어르신들까지 자전거를 탈 때면 반드시 지키는 암묵적인 규칙이다. 특히 아침과 오후, 사람이 많은 출퇴근 시간에 자전거를 탈 땐, 제대로 신호를 주고받지 않으면 사고가 날 가능성이 있기에 각별히 조심해야 한다.

평소에도 자전거를 빠르게 타는 경우가 많아 부상을 입는 경우를 대비해 헬멧과 목 보호대를 착용한다. 목 보호대는 가볍게 목 뒤에 매는 방법으로 충격이 가해질 경우, 에어백이 펼쳐져 머리와 목 부분을 보호해 준다.

사고에 대비해 차를 주기적으로 정비하고 돌보듯 자전거의 상태를 주기적으로 확인해야 하기 때문에 좋은 자전거 수리점을 만나는 건 큰 행운이다. 방문하는 곳에 따라 가격이 천차만별이고, 경우에 따라 불합리한 가격을 제시받을 수 있어 여러 곳을 확인해 보는 것이 좋다. 다행히 집 근처 가게에 저렴한 가격임에도 꼼꼼히 수리해 주는 자전거 할아버지를 만나 그 덕분에 안전하게 자전거를 탈 수 있게

되었다. 자전거 가게를 함께 지키는 앵무새 존을 만나는 소
소한 즐거움은 보너스다.

코펜하겐을 대표하는 '크리스티아니아 바이크Christiania
Bikes'. 자전거에 바퀴가 달린 짐칸이 함께 달린 형태로 일명
'카고 바이크'라고 불리는 이 자전거는 짐칸에 사람을 싣거
나 물건을 넣어 다닐 수 있다. 한화로 약 300~500만 원대 정
도의 만만치 않은 가격이지만, 자동차를 대신해 구매한다
고 생각하면 충분히 투자할 만한 가치가 있다.

카고 바이크는 안에 앉을 수 있는 의자가 부착되어 있어
아침과 오후 등하교 시간이 되면 아이들을 데려다주기 위
해 줄지어 있는 모습을 볼 수 있다. 우리는 주로 짐을 옮기
는 용도로 사용하는데, 장을 보러 가거나 가구를 옮길 때 가
장 유용하게 쓰였다. 자전거로 이사를 한다는 게 말도 안 되
게 들릴 수 있지만, 현재 사는 집으로 이사올 때 큰 가구 몇
가지를 제외하곤 대부분의 이사를 카고 바이크로 대신할
수 있었다.

자전거는 이토록 유용하게 쓰이지만, 이곳에선 단순한
교통수단 이상의 의미를 지니고 있다. 어린 나이부터 몸의
일부분처럼 부딪혀가며 자전거를 배워나가고 나이가 들어
서도 자전거 타기를 통해 건강을 유지하는 모습을 볼 수 있

다. 60세가 넘는 나이까지 10km씩 거뜬히 자전거를 타며 도시를 오가고, 주말이면 숲이나 해안가의 경치 좋은 코스를 찾아 나서며 시간을 보내는 친구들도 종종 볼 수 있다.

홀로 혹은 함께, 자전거 위에 올라타 온전히 자전거를 타는 이 순간에만 집중하는 것. 평소에 가보지 않았던 새로운 길을 발견해 나가며 떠나는 여정은 마음속 호수에 즐거운 돌멩이를 던진다.

나,
우리가 살고 싶은 곳

———

덴마크에서 지내며 총 일곱 번의 이사를 감행했다. 5년의 시간 동안 많으면 많다고 할 수 있지만, 그만큼 원하는 공간에서 지내기 위해 다양한 시도를 했다. 매번 이사할 때면 많은 시간과 에너지를 소모해 다시는 집을 옮기지 말아야지 하다가도 나름의 이유를 대며 이내 마음을 바꾸고 새로운 곳을 찾아 이동했다.

본래 타국에서 산다는 건 까다로운 일이지만, 특히나 이곳 코펜하겐에서 좋은 가격에 살고 싶은 집을 구하기는 정말 쉽지 않다. 가장 좋은 방법은 알음알음 주변 사람을 통해서 구하는 방법이겠지만 처음 정착한 이들에겐 거의 불가능에 가깝다. 처음 덴마크에 도착해서 임시로 지내던 기간에 나는 운이 좋게도 다정한 집주인을 만났다.

나의 첫 동네는 발뷔Valby. 당시엔 어느 동네가 살기 좋은지 혹은 내 마음에 들지 미처 알아가기도 전이라 처음으로 연락을 준 집에 방문했다. 대부분 층이 낮은 아파트로 가득한 시내와는 달리 길게 쭉 뻗은 거리에 알록달록한 색감의 집이 줄지어 있는 발뷔는 나와 그렇게 인연을 맺어 오랜 시간 함께하게 되었다.

길가에 나란히 놓인 많은 집에 적힌 집 이름들. 집에도 이름을 지어줄 수 있다는 걸 처음 알게 되고는 언젠가 나도 집을 갖게 되면 좋은 이름을 선물하겠노라 다짐했다.

거리의 중간쯤 위치한 붉은 벽돌의 집을 찾아 벨을 누르자 밝은 목소리의 에바가 나와 반겨주었다. 집에 사는 검은 고양이 쿠로와 얼룩덜룩 색이 섞인 닌자가 주변을 서성이더니 이내 가까이 다가와 몸을 슬쩍 부비고 지나간다. 식탁 옆으로 보이는 커다란 유리창을 통해 부엌에서 정원이 훤히 내다보였다.

처음 만났음에도 그녀는 매우 친근하고 유쾌했다. 자리에 앉아 그녀가 내려준 커피를 마시며 서로에 대해 궁금한 점을 물었고 그녀는 자신이 한국에서 입양 온 덴마크인이며 현재는 소설을 쓰고 있다고 이야기 해주었다. 한국어를 배우고 싶기도 하고 문화에도 관심이 생겨 가능하면 한국인으로 찾고 있었다며, 집 한 층이 큰 스튜디오식 원룸이라 원하면 그곳에서 지내는 게 어떠냐고 제안해 왔다.

그녀는 위층으로 올라가 내가 살 공간을 보여주며 하나하나 설명하기 시작했다. 하얀 공간엔 원목으로 된 주방과 화장실, 침대와 식탁이 조화롭게 배치되어 있었고 비스듬한 창문으로 들어온 해가 방 안을 환히 비추었다.

집 구하기 어렵다는 이곳에서 이렇게 마음에 드는 곳을 빠르게 찾게 되다니. 마음으로는 확신이 들었지만, 한편으론 조심스러운 마음에 다시 한번 천천히 생각하고 연락을 주겠다는 말을 남기고 집을 나왔다. 버스를 타러 가는 길목에 아이들이 뛰어놀고, 웃으며 인사를 건네는 사람들을 보며 '이 동네에서 시작해도 좋겠다'는 마음이 들었고 집에 돌아오자마자 에바에게 연락을 남겼다.

"오늘 고마웠어요. 저 내일 계약하러 다시 갈게요."

발뷔에서 지내면서 덴마크에 대한 아기자기한 기억이 많이 생겼다. 종종 에바의 가족과 함께 저녁 식사를 하며 덴마크인의 사소한 문화에 대해 배웠고 힘들 땐 에바와 이야기하며 고민 상담을 하기도 했다. 하지만 무엇보다 가장 좋았던 건 새소리로 잠을 깨는 아침, 그리고 철마다 달콤한 야생 딸기와 무화과가 주렁주렁 열리던 정원이었다. 반쯤 열린 창문으로 들려오는 바람에 나부끼는 나뭇잎 소리, 커다란 나무에 걸터앉은 새들의 지저귐은 줄곧 아파트에서 자라온 나에게 가져본 적 없던 푸르른 기억을 안겨주었다.

발뷔에서의 생활을 정리하고 새로운 공간으로 옮길 때도 에바의 도움으로 어렵지 않게 다음 집을 찾을 수 있었고, 이후에 발뷔를 시작으로, 뇌어브로Nørrebro, 베스터브로Vesterbro를 거쳐 현재는 아마브로Amagerbro라는 지역에 정착하게 되었다.

코펜하겐은 작은 도시지만, 각 동네마다 다른 분위기를 지니고 있다. 그중 뇌어브로는 다른 지역에 비해 다양한 인종이 섞여 지내 아시아인, 아프리카인, 아랍인이 직접 운영하는 레스토랑과 식료품 등을 쉽게 찾아볼 수 있다. 베이커리와 레스토랑, 카페, 내추럴 와인바까지 흥미로운 가게가 계속 생겨나고 뇌어브로만의 독특한 분위기를 만들어 내어 최근엔 세계에서 가장 멋진 지역으로 선정되기도 했을 정도다. 뇌어브로에서 지낼 땐 호수와 맞닿은 동네에서 살았는데, 호수 뒤편에는 공원이 있어 언제든 나가 산책할 수 있다는 점이 참 좋았다. 때로는 몸이 흠뻑 젖을 정도로 달리기도 하고 어느 날은 생각 없이 천천히 걷기도 하며 공원과 호수를 누렸고, 물 한 병 챙겨 나가서 하염없이 걷다 보면 눈에 보이는 풍경들에 복잡했던 마음이 정리되곤 했다.

생각해 보면 어릴 적 자란 동네에도 집 앞에 큰 호수가 있었다. 호수는 매일매일의 풍경이 달라진다. 아침이면 새들이 물가에 앉아 꾸벅꾸벅 졸고 고요하다가도 늦은 저녁 시간이 되면 새들이 목이 터져라 울어댄다. 어느 날엔 뜨개를 뜨고 있는 할머니를 마주하기도 하고 또 어느 날엔 책을 읽거나 햇볕을 쬐러 한참 눈을 감고 자리에 앉아 있는 사람들을 마주하기도 한다. 아무것도 아닌 일에 웃는 아이들, 한적한 호숫가에 퍼지는 새소리와 시간 때에 따라 변하는 해가 호수 위로 잔잔하게 비치고 그 위를 유유히 헤엄치는 백조를 보면 뭐가 이렇게 심각했나 싶고, 마음이 가벼워진다.

뇌어브로를 떠나 정착한 우리의 신혼집, 베스터브로. 한때 이스터갤Istedgade을 중심으로 마약과 매춘으로 가득한 홍등가였지만, 지속적인 지역 개발을 통해 현재는 푸르른 공원과 로컬 가게로 가득한 동네가 되었다. 베스터브로에서는 집에서 가까운 곳에 공원이 있어 언제든 갈 수 있고 몇 발짝이면 닿는 유기농 베이커리와 카페, 바이닐 가게가 있어 종종 이용하곤 했다.

아침이면 좋아하는 베이커리에 가서 시나몬과 카르다

몸이 가득 든 페이스트리를 품에 안고 돌아오기도 하고, 친구가 운영하는 카페에 가서 한참을 떠들다 오기도 했다. 특히 집 옆의 바이닐 가게는 오전부터 저녁 시간까지 문을 열어 종종 책 한 권 들고 테라스에 앉아 시간을 보내거나 작은 콘서트가 열리는 날이면 하염없이 구경했다.

우리가 살던 아파트의 함께 사용하는 코트 야드와 분리수거 공간에는 누구나 가져갈 수 있게 물건을 두는 선반이 있었다. 자신에게 더 이상 사용하지 않는 물건을 내놓아 필요한 이가 사용하고 가져간 사람은 자신이 사용하지 않는 물건을 가져다 놓아 순환하는 방식이다. 이런 식의 재활용 사례는 코펜하겐 아파트에서 종종 찾아볼 수 있다.

그 덕분에 우리는 필요한 몇 가지 그릇을 얻을 수 있었고 더 이상 사용하지 않는 가구나 물품을 내놓기 시작했다. 대단한 건 없지만 하루하루가 소소하고 즐거웠던 기억들. 우리의 신혼집이기도 했고 좋은 기억이 많아 한편으론 떠나고 싶지 않았지만, 사랑하던 고양이가 세상을 떠나고 여러 일들이 겹치면서 우리는 새로운 집을 찾기 시작했다.

그렇게 현재 정착한 곳은 남부 코펜하겐에 위치한 아마브로다. 시내에서 10분이면 도착하는 곳이지만 전혀 다른 분위기를 지닌 동네로 바다가 가까운 이곳에 우리는 새로운 둥지를 텄고 이제 일 년 남짓한 시간을 보냈다. 이왕 이 사왔으면 동네를 제대로 누리자는 마음으로 시간이 날 때면 자전거를 타고 바다 산책을 가거나 수영을 가고 함께 동네를 자주 걸어 다니며 지금도 동네의 새로운 매력을 계속해서 발견해 가고 있다.

종종 우리는 살고 싶은 공간에 대해 이야기를 나눈다. 그때마다 다양한 마음이 오고 간다. 현재는 하고 싶은 일과 도시 생활의 필요성 때문에 코펜하겐에서 지내기로 했지만 언젠가 한적한 곳에 우리가 원하는 집을 짓는 꿈을 꾼다.

정착할 공간과 시기에 대해선 아직은 미정. 고요한 호수와 가까운 어딘가, 텃밭에서 내 손으로 채소와 과일을 직접 길러 식탁에 올리고 싶다는 작은 소망을 품으며 마음속에 또 하나의 집을 짓는다.

소셜다이닝,
관계를 시작하는 가벼운 방법

———

덴마크에서 지내면서 한 가지 바뀐 습관이 있다면 카페를 일상적으로 가지 않는다는 것. 예전에는 일을 하거나 바람을 쐬고 싶으면 언제든지 집 앞 카페에 가서 하염없이 시간을 보내다 오곤 했지만, 덴마크에 온 뒤로 대체로 집에서 커피를 마신다. 처음 여행으로 덴마크에 왔을 당시, 커피 한 잔에 35크로네, 크루아상 하나에 35크로네, 총 70크로네 정도로 한화로는 약 만 삼천 원이 훌쩍 넘는 가격에 꽤 놀랐던 기억이 있다.

코펜하겐은 미식의 도시다. 주변 지역에서 코펜하겐에 방문하는 경우에도 역시 다이닝 혹은 디자인을 경험하러 오는 이들이 대부분이다. '노마Noma', '제라늄Geranium', '알케미스트Alchemist' 등 정교하고 아름다운 플레이팅의 파인다이닝 레스토랑들은 노르딕 퀴진Nordic Cuisine을 대표하는 곳으로 잘 알려져 있다. 코펜하겐이 미식의 성지가 된 지는 그리 오래되지 않았지만, 본격적으로 유명해진 데는 레스토랑 노마가 큰 역할을 했음이 분명하다. 북유럽의 바다와 호수, 청정 지역에서 얻은 제철 식재료로 음식을 재해석해 만든 노마의 요리는 잊혀 가는 북유럽 음식과 발효 문화를 새롭게 환기했다.

코펜하겐의 파인다이닝은 세계적으로 날로 성장하고 있지만, 일상적으로 와닿지 않는 경우가 많다. 코펜하겐의 외식 문화는 한국과 달리 길거리 음식 문화가 매우 간소해 가볍게 먹을 수 있는 음식이라고는 핫도그와 케밥 정도가 전부다. 그 덕분에 덴마크에 와서는 외식 횟수가 현저히 줄어들었다. 식당과 카페에서 자연스럽게 친구와 만나는 한국의 모습과는 달리 이곳에선 친구를 종종 집으로 초대해 커피를 마시거나 가볍게 먹고 마실 것들을 사서 공원에서 종일 시간을 보낸다.

저녁 식사 역시 집으로 손님을 초대해 함께 요리하고 준비하는 모든 과정을 함께하는 것을 편하게 느낀다. 공원이나 단지 내 정원에 바비큐를 할 수 있게 설치되어 있는 경우도 많은데, 대부분 무료로 이용할 수 있다. 그래서인지 가볍게 커피 한 잔, 와인 한 잔 정도 하는 일은 많지만, 저녁 외식을 함께 하는 일은 좀처럼 보기 어렵다.

주된 원인은 비싼 외식비가 아닐까. 음료나 와인을 항상 곁들이는 유럽식 식사에 두 사람이 한번 가볍게 저녁 식사를 하러 나가면 800크로네(한화 약 15만 원) 정도는 쉽게 쓰게 되기 때문에 저녁을 먹으러 나가는 날을 미리 계획하게 된다. 남편과 초반에 데이트할 때 이곳저곳 찾아다녔지만, 우리가 좋아하는 식당을 만나기 쉽지 않았고 매번 갈 때마다 물값까지 내는 것이 아까웠다.

덴마크의 서비스는 한국과는 상당히 다른 분위기다. 이곳은 일하는 사람이 우선이기에 각자의 템포로 천천히 응대하는 경우가 흔하다. 커피 한 잔을 주문하고 20~30분을 기다리는 일이 일반적이다. 손을 들어 주문하거나 카운터에 가서 요청하는 것을 무례하다 받아들이는 유럽 문화에서는 주문을 한 번 하기 위해 수많은 아이컨텍을 시도한다. 그 덕분에 근무자는 크게 스트레스받지 않고 일할 수 있지만 고객으로서 답답한 경우가 종종 있다.

이제는 위치상 조금 멀어졌지만, 카페 겸 복합공간 '압살론Absalon'은 우리의 주된 외식 장소였다. 압살론은 이전에 교회로 사용되던 건물을 개조해 카페와 레스토랑으로 운영 중인 곳으로 종종 어린이를 위한 수업과 성인들을 위한 도자기 수업, 요가 수업 등이 준비되기도 한다. 오전부터 오후 시간까지는 커피를 비롯한 간단한 채식 메뉴를 제공하고, 매일 저녁 6시면 소셜다이닝이 열린다. 이곳의 점심 채식 메뉴는 양도 넉넉하고 저렴한 가격에 정성 들인 식사를 맛볼 수 있어 간단하게 점심 식사를 하러 들르곤 했다. 현재 나는 육류와 생선을 먹되, 가능한 한 적은 양을 소비하려 하고 있다. 예전에 채식만을 할 땐 다양한 채식 옵션에 종종 놀랐다. 대부분의 슈퍼마켓에는 베지테리언 코너가 따로 마련되어 있어 식물성 고기, 치즈, 파테 등이 진열되어 있고 오트 밀크, 아몬드 밀크, 비건 아이스크림 등은 어디서나 찾아볼 수 있을 만큼 흔하다.

압살론의 저녁 시간이 되면 시작되는 소셜다이닝은 긴 테이블에 처음 보는 이들과 섞여 앉아 이야기하며 저녁 식사하는 방식으로 혼자 오는 이도 있고, 친구들 혹은 연인과 함께 찾기도 한다. 어린아이부터 젊은 청년들, 노인들까지 다양한 연령대의 사람이 섞여 음식을 앞에 두고 이야기를 나누다 보면 금세 서로가 편해진다.

흔히 덴마크인과 쉽게 친구가 되기 어렵다고들 하지만, 이렇게 모임을 통해 만나게 되면 좀 더 자연스럽게 친구가

될 수 있지 않을까. 대부분의 북유럽 사람들은 어릴 적 친구와 오래 인연을 맺고 그 관계에 충실하다. 가벼운 관계 혹은 의무감이 들거나 신뢰 없는 우정에 큰 의미를 두지 않기 때문에 친구를 사귈 때 신중한 편이다. 그 때문에 성인이 되어 만나는 사람이 그들의 친구 그룹으로 들어가는 경우는 드문 편이다.

이들과 관계를 맺는다는 건 천천히 자라는 식물에 물을 주는 것과 같다는 생각이 든다. 조급하지 않게 너무 많은 물을 주지 않되, 시간과 정성을 들여 가꾸는 관계. 그런 덴마크인들에게 이런 소셜다이닝은 하나의 가벼운 관계를 형성하는 장이자, 서로의 편안함을 나눌 수 있는 시간이라고 느낀다. 서로 이 시간만큼은 편하게 조금 느슨한 관계를 만드는 것. 각자의 거리를 존중하며 다가가는 덴마크식의 연결 방법이 아닐까 조심스레 생각해 본다.

+++ 압살론 Folkehuset Absalon
　　　Sønder Blvd. 73, 1720 København, Denmark

삶의 단맛과 쓴맛을
함께하는 술

젊음이란 무엇인가? 하나의 꿈이다.
사랑이란 무엇인가? 그 꿈에 담긴 내용이다.

덴마크의 철학자 쇠렌 키에르케고르Søren Kierkegaard의 질
문으로 시작되는 영화 <어나더라운드Another round>. 덴마크
에서 가장 사랑받는 영화배우인 매즈 미켈슨Mads Mikkelsen이
주연을 맡은 이 영화는 <Druk>라는 원제로 중년의 위기와
음주로 인한 중독, 삶의 비극과 희극을 잘 버무려 보여준다.

노르웨이의 심리학자 핀 스코데루드Finn skarderud의 가설,
'체내 혈중 알코올 농도를 0.05퍼센트로 유지하면 적당한
수준에서 창의적이고 활발해진다'를 몸소 실험하며 겪는
이야기를 담았다.

술의 긍정적인 효과를 본 인물들은 알코올 도수를 조금 더 높이는 데 마음을 모았고, 술의 특성이 예견하듯 점점 커지는 중독과 탐욕에 결국 선을 넘어버리고 만다.

술에 취해 감추려 했던 현실은 술이 깬 이후에도 고스란히 남아있고 마주해야 한다는 것. 사람들의 삶에 술이 어떻게 녹아있는지 사실적으로 보여주며, 보는 이에게 교훈을 주기보단 영화 마지막까지 무엇이 옳고 그른지, 명확하게 이야기하기 어려운 그 모호한 경계를 잘 그려냈다.

영화가 상영될 당시 덴마크 내에서도 크게 주목받고 흥행해 코펜하겐 시내 곳곳에서 영화의 주제곡인 'What a life'가 흘러나오던 기억이 난다.

매년 5월 말에서 6월, 덴마크의 졸업 시즌이 되면 학교를 벗어난 학생들이 커다란 오픈 버스를 타고 춤추고 술을 마시며 축하하는 문화가 있다. 아침에 시작해서 밤늦도록 즐기며, 졸업 이후 2주간은 어떤 행동이든 용납되는 분위기다. 이 시기면 젊은이들이 매일 밤 춤추고 소리 지르며 음주, 파티, 섹스가 뒤섞인 채로 도시를 누빈다.

덴마크에서는 16세부터 공식적으로 술을 살 수 있고, 18세부터는 펍에서의 음주가 허용되며 도수가 높은 주류를 구매할 수 있게 된다. 영화에서 볼 수 있듯 성인이 되어가는 첫 관문이 진한 술과 파티로 시작되는 것이다. 유럽에서는 개인적인 경험에 비추어 보면 낮 시간에도 자연스럽게 와인 한 잔 혹은 맥주 한 잔을 곁들이는 경우가 종종 있다.

유럽 식사 문화에 술은 중요한 사교의 역할을 하고 즐거운 대화의 촉매제를 담당한다고 생각해 집들이에 가거나 선물할 때도 와인이나 주류를 주고받는 일이 흔하다.

최근 덴마크의 주류 소비는 와인과 맥주 소비량이 비슷해졌을 정도로 와인에 대한 관심이 높아졌지만, 덴마크는 본래 맥주 생산국으로 잘 알려져 있다. 질 좋은 맥아로 만들어지는 덴마크 맥주는 달콤한 꿀 향과 풍부한 맥아의 향, 홉의 적당한 쌉쌀함이 가미된 맛있는 맥주로 유명하다.

가장 흔하게 볼 수 있는 브랜드는 '튜보Tuborg'와 '칼스버그Carlsberg'. 현재 칼스버그는 자체 내에서 생산되는 튜보와 야콥센 등의 맥주뿐만 아니라 프랑스의 '크로넨보그Kronenbourg', 벨기에의 '그림버겐Grimbergen' 등의 브랜드도 모두 품고 있는 거대 기업이 되었다.

칼스버그와 함께 잘 알려진 '미켈러Mikkeller'는 두 친구의 홈브루잉으로 시작되어 현재는 전 세계 곳곳에서 찾아볼 수 있는 브랜드로 자리 잡았다. 미켈러는 지금까지 2,000종류가 넘는 각각의 맥주 레시피를 보유하고 있다. '링곤베리

Lingonberry', 로즈힙, 엘더플라워, '비트 루트Beet root' 등의 북유럽 과일과 허브를 가미하거나 유자, 수박 향 등을 넣어 다양한 실험을 해나간다. 감각적인 디자인의 미켈러 맥주의 마스코트인 헨리와 샐리Henry&Sally는 새로운 레시피가 추가될 때마다 그에 어울리는 라벨로 디자인된다.

미켈러는 어느 펍이나 슈퍼마켓에서도 쉽게 만나볼 수 있지만, 미켈러를 제대로 느끼기 위해선 '미켈러 비어하우스Mikkeller Baghaven'에 방문해야 한다. 도시 내에 있는 몇 곳 중, 스트릿 푸드마켓인 '레펜Reffen'에 있는 미켈러 비어하우스는 미켈러의 생맥주를 종류별로 맛볼 수 있고 브루어리 바로 앞에 바다가 펼쳐져 있어 기분 좋은 경험을 할 수 있다.

소규모 브루어리 외에도 시내 곳곳에는 동네 주류 상점을 쉽게 찾아볼 수 있으며 독특한 로컬 맥주와 수입 맥주, 유기농 와인과 내추럴 와인을 판매한다. 그중 가장 자주 방문하고 좋아하는 곳은 '후스테드 빈Husted vin'.

어느덧 이 가게에서 보낸 시간이 10년이 되어간다는 매니저 앤드류는 늘 커다란 반점의 사랑스러운 강아지, 트러블과 함께 매장에서 사람들을 맞이한다. 매장 내에 마실 자리는 따로 마련되어 있지 않지만, 앤드류에게 좋아하는 맛에 대해 설명하면 늘 만족스러운 선택을 도와주곤 한다.

추천해 준 와인을 들고 바로 앞 운하에서 천천히 지나가는 풍경을 보며 마시는 시간은 내가 가장 좋아하는 순간 중 하나이다.

맥주와 더불어 덴마크의 술에 대해 이야기할 때 빼놓을 수 없는 '스냅스Snaps'. 한국의 소주와 같이 대중적인 술이지만, 소주에 비해 도수가 훨씬 높다. 대부분 40도에 달하는 높은 알코올을 함유하기 때문에 소량의 잔으로도 쉽게 취하기 쉽다. 가장 대표적인 스냅스로는 '가멜단스크Gammel dansk'가 있다. '고대 덴마크'라는 뜻의 약초를 혼합해 만든 리큐르의 한 종류로 16세기의 제조법을 이어오고 있으며, 초기부터 아침 식사나 하루 일과가 끝날 무렵, 식전주로 마시던 전통이 지금까지도 이어져 몇몇 가정에서는 아침 식사와 함께 술을 내어놓기도 한다.

'안젤리카Angelica', '아니스Anise', 생강, 마가목 열매 등 29가지의 향신료와 꽃, 약초를 블렌딩해 만든 가멜단스크는 너무 달지도, 쓰지도 않은 적정한 맛을 내며 스파이스로 마무리되는 것이 특징이다.

덴마크의 전통 바 '보데가Bodega'에서 다양한 종류의 스냅스를 판매하고 있다. 낮은 천장과 조명에 내부가 어두운 보데가는 흡연이 가능한 덴마크식 바를 일컫는데, 십 년 전만해도 대부분 나이 든 사람들의 전유물로 여겼지만, 요즘엔 젊은 사람들도 편하게 방문한다.

보통 음식을 제공하거나 세련된 칵테일을 제공하는 경우는 없지만, 가볍게 생맥주를 마시거나 덴마크식 스피릿을 경험하기에 더없이 좋고 무엇보다 일반 바에 비해 가격이 저렴한 편이다. 술을 자주 마시지는 않지만 보데가 특유의 분위기가 좋아 가끔 커피를 마시러 들르기도 한다.

언제 가도 늘 기분 좋게 맞이해주는 주인 할아버지와 오랫동안 이곳을 방문한 듯 친숙하게 인사를 건네는 동네 주민들을 보면 마음이 푸근해진다. 오렌지빛의 벽에 걸린 나무 액자들과 이곳의 역사를 보여주는 손때 묻은 사진들이 담긴 앨범을 뒤적이며 마치 그 시간을 향유하는 듯한 기분에 젖어 든다.

+++ 미켈러 비어하우스 **Mikkeller Baghaven**
Refshalevej 169B, 1432 København, Denmark

후스테스 빈 **Husted Vin**
Naboløs 6, 1206 København, Denmark

숲으로 가는 길,
모닥불 앞에서 나누는 식사

———

최근 우리에겐 새로운 취미가 생겼다. 처음엔 근교의 숲으로 자전거를 타고 가서 가볍게 점심을 먹는 것으로 시작하다가 조금 더 욕심을 내어 캠핑 장비를 구매하기 시작했다. 아직 시작 단계라 텐트와 꼭 필요한 간단한 관련 장비들만 구한 수준이지만. 덴마크에서는 정해진 곳에서만 캠핑을 할 수 있기 때문에 장소를 정하기 전에 캠핑할 수 있도록 허가받은 곳인지 미리 알아보아야 한다.

주말이 오기 전 지도를 보며 어디로 가면 좋을지 고민하다 코펜하겐에서 한 시간가량 떨어진 호숫가에 좋은 캠핑 장소가 있어 그곳으로 가기로 정한다. 교통편이 좋은 곳이라면 기차로 갈 수도 있겠지만, 우리가 선택한 곳은 역에서 한참 떨어진 곳이기에 차로 이동하기로 했다.

미리 챙겨두었던 짐가방들을 하나씩 차로 나르기 시작했다. 전날부터 '혹시 모르니 넣어야지'라는 마음으로 하나둘씩 담고 나니 어느새 짐칸이 가득 찼다. 캠핑 하루 다녀오는데 무슨 물건이 이렇게 많나 싶지만 차차 짐을 가볍게 하는 법을 배우게 되지 않을까.

도시가 작다 보니 차를 소유하는 것에 필요성을 느끼지 못하고 있다. 게다가 구매 과정에서 내는 150퍼센트의 세금과 그 이후의 유지비 등을 생각하면 현재로서는 불필요하다는 결론을 내렸다. 이렇게 종종 멀리 나가는 일이 있을 때만 공유 자동차를 이용한다.

차에 올라타 자연스럽게 그가 운전대를 잡는다. 아직 운전을 하지 못하는 나는 그의 코파일럿이 되어 가는 동안 심심하지 않게 음악을 선곡하고 필요한 것을 챙겨준다. 사이먼 앤 가펑클의 노래와 이문세를 거쳐 스탄 게츠까지 둘이 함께 좋아하는 곡들이 흘러나온다.

빠르게 스쳐 지나가는 바깥 풍경을 바라보다 보니 어느새 첫 행선지인 농장에 도착했다. 숲으로 가는 길에 위치한 농장은 닭과 염소 등 가축을 키우고 어린이들이 방문해 볼 수 있는 곳이다. 여름철에는 딸기와 토마토, '브롬베어 Brombeere', 야생 꽃 등 다양한 열매와 식물을 직접 딸 수 있고 본인이 수확한 만큼 가져갈 수 있다. 가게로 들어가는 길목에서 편안히 쉬고 있는 염소에게 다가가 인사를 건네고 농장 가게로 향했다.

친절한 인상의 아주머니는 지금은 딸기 철이 지났으니, 가서 브롬베어와 사과 같은 다른 것들을 따보라며 과일을 담을 종이상자를 건네준다. 농장 가운데 있는 그린하우스로 들어서자 다양한 종류의 토마토가 보인다. 알이 작은 체리토마토와 큰 그린 토마토, 노란 토마토부터 울퉁불퉁한 '꾀르 드 뵈프Cœur de Bœuf'까지 줄기를 타고 노란 꽃을 피우며 열매를 맺고 있었다.

샐러드용으로 어떤 게 좋을까 하다가 제일 실해 보이는 꾀르 드 뵈프 두 개를 따서 박스에 담는다. 이렇게 잘 익은 토마토는 올리브유와 소금만 살짝 둘러 먹어도 맛있다.

토마토 그린하우스 앞엔 브롬베어와 블랙커런트 덤불이 나란히 심어 있고 덤불 속의 브롬베어는 사방으로 뻗어 나가며 자라고 있었다.

브롬베어 혹은 블랙베리라고도 불리는 이 열매는 한국의 복분자 혹은 오디와도 비슷한 생김새다. 잘 익은 것들은 달콤하면서도 산미가 있지만 덜 익은 것들은 단단하고 신맛이 강해 먹기 어렵다. 덤불 속을 들춰가며 부드럽게 잘 익은 것들을 손으로 톡톡 따서 상자에 담는다. 어느덧 한가득 찬 박스를 농장 가게로 가져가자 무게를 달아준다.

가게 한구석엔 오래된 빈티지 소품들 그리고 직접 재배한 꿀과 와인을 판매하고 있었다. 그중 유독 내 마음을 빼앗는 구리 소재 티포트와 작은 사이즈의 소스 팬. 줄곧 찾던 모양과 크기의 티포트는 보통 중고 제품으로도 비싸서 엄두를 못 내고 있었는데, 저렴한 가격에 좋은 상태로 판매되고 있어 덥석 집어 들었다. 이리저리 돌려가며 만져보자 부분부분 오래되어 녹이 슬었지만, 모양새는 훌륭했다. 가게 아주머니는 집에서 레몬과 소금을 이용해 닦아주면 금세 다시 광이 날 거라고 이야기해 주며 어떻게 관리해야 하는지 이것저것 알려주셨다.

두 개의 골동품을 품에 안고 농장 앞 정원으로 가 커피 한 잔을 주문해 기다린다. 따온 브롬베어를 꺼내 코에 갖다 대고 향을 맡은 뒤 입에 쏙 넣는다. 부드럽게 입안에서 톡 터지면서 새콤달콤한 맛이 혀끝에 퍼진다. 농장에서 여유를 부리며 시간을 보냈더니 어느덧 오후가 흘러가고 있었다. 해가 지면 텐트를 설치하기 어렵기에 아쉬운 마음을 뒤로한 채 다시 차에 올라탄다. 차로 삼십 분가량 달렸을까. 들판 끝으로 빽빽하게 채워진 나무들이 보이기 시작한다.

"아, 드디어 도착했구나!"

코펜하겐과 겨우 한 시간 거리인데 이토록 조용하다니. 드물게 오가는 사람들과 산책하러 나온 강아지만 간혹 보일 뿐 숲속은 한산했다. 어설프게 시작한 우리의 텐트 치기는 두 시간이 지나서야 겨우 완성되었다.

텐트 치기를 마치고 기진맥진해진 상태로 찬물에 몸을 담그러 호수로 향했다. 가져온 수영복을 몸에 걸치고 물속으로 한발 한발 들어가기 시작한다. 부르르 떨리게 차가운 기운이 몸 구석구석 퍼진다. 바람이 불어서일까 오늘따라 더욱 춥게만 느껴진다. 한 발로 물을 밀어내며 물 위를 떠다니는 나뭇잎처럼 가볍게 호수 위를 유영해 본다.

적막한 호수 위 반대편으로 떠다니는 구름들. 바다의 고운 모래와는 달리 날카로운 호수의 돌들이 발에 생채기를 낸다. 조심스럽게 빠져나와 몸을 말리다 반쯤 젖은 몸에 레몬그라스와 편백 오일을 바른다.

그가 모닥불을 피우는 동안 곁에서 저녁 식사 준비를 시작한다. 쌈을 먹을까 해서 싸 온 쌈 채소와 김치, 야채들을 담고 밥을 먹을 만큼 덜어 따뜻하게 데워 놓는다. 함께 굽기 시작한 고기가 노릇하게 다 익었을 때쯤 식사를 시작한다. 모닥불 앞에 앉아 함께 나누는 저녁 식사.

모닥불이 꺼지지 않게 근처에서 마른 가지들을 주워 오고 남은 한 사람은 식사를 정리한다. 타닥타닥 소리를 내며 타는 불을 멍하니 바라보다 곁에 앉은 이에게 이 시간을 함께해주어 고맙다는 인사를 건넨다.

이전에 가득했던 모기들이 모닥불과 아로마 향 때문인지 모두 자취를 감췄다. 모닥불이 꺼질 때까지 기다리다가 잠에 들 준비를 한다. 텐트 바깥은 천장을 치며 흐르는 빗소리와 천둥소리로 가득하지만, 왠지 텐트 안은 아늑하고 안전하게만 느껴진다. 어느 날은 하루가 이토록 길게 느껴지기도, 어느 날은 언제 지나갔나 싶게 짧게 느껴지기도 한다.

멀리서 울어대는 새소리, 휘이 부는 바람 소리, 이 작은 소리들을 들으며 잠이 든다. 문득 매일 우리의 하루가 이렇게 촘촘히 기억에 남았으면 하는 바람을 새긴다. 조금 더 많이 보고 많이 느끼고 많이 기억에 담아가며.

뜨거운 여름의
끝자락에서

―――――

올여름은 유난히도 서늘하고 축축했다. 하루가 다르게 내리는 비로 내년을 기약하며 여름을 보내주려던 찰나 하늘은 해를 쏟아내기 시작했고, 사람들은 얇은 옷을 다시금 꺼내입고 온몸으로 해를 만끽했다. 가을이 오기 전 한 주간의 선물 같은 날씨, 그새를 놓칠까 사람들은 바닷가와 항구로 각자의 휴식처를 찾아 나선다.

코펜하겐의 덴마크식 발음인 쾨벤하운København은 상인을 의미하는 '쾨벤København'에 항구를 뜻하는 '하운Havn'이 합쳐져 상인들의 항구라는 뜻을 품고 있다.

도시는 한때 수많은 무역이 이루어지던 곳으로 밀물과 썰물처럼 많은 상인들이 이곳을 오고 갔다. 남아있는 항구들은 더이상 무역의 공간으로 사용되지 않지만, 관광지로 혹은 사교의 장소로서 역할을 하기도, 여름이면 더위를 피할 피신처가 되어주기도 한다. 기분 좋게 불어오는 산들바람을 맞으며 맥주 한 잔하러 오는 사람들과 맨살이 드러나는 비키니를 입고 팔과 등이 발갛게 달아오를 때까지 햇볕을 쬐며 몇 시간이고 누워 있는 사람들로 활기가 넘친다.

도심 가운데 있는 부둣가인 가믈 스트란드Gammel strand 역시 한때 생선을 사고파는 어시장이었지만, 현재는 주말이면 앤틱 플리마켓이 열리고 박물관과 지역 상점들이 자리를 대신하고 있다. 부둣가에 앉아 있다 보면 느린 속도로 지나가는 관광 보트와 행복함이 묻어나는 얼굴로 인사를 건네는 여행자들을 마주한다.

이곳 사람들의 수영에 대한 애정은 각별하다. 가장 더운 여름에도 최고 기온이 17도에 조금 웃돌 만큼 서늘하기에 입수하는 과정까지 용기가 필요하지만, 한번 몸을 담그면 해방된 듯 마음이 편안해진다.

"오늘 해가 난다, 우리 수영 갈까?"

커튼을 걷어내며 넌지시 그에게 물었지만, 그는 물이 차갑다고 손사래를 친다.

"그럼, 햇볕이라도 쬐러 나가자!"

살살 구슬려 그와 함께 집을 나선다.

물 한 병과 타월, 책 한 권을 챙겨 가벼운 수영복 차림으로 자전거에 올라탔다. 익숙한 길을 지나 집에서 가까운 해변인 아마스트란드Amagerstrand로 향한다.

이사 온 뒤로 부쩍 가까워진 이 해변은 코펜하겐 남부에 위치한 해변이자 도심에서 가까운 해변 중 한 곳으로 많은 이들이 수영이나 조깅을 하러 온다. 나 역시 여름이면 친구와 함께 해변가에 누워 몇 시간이고 해를 쪼이기도 하고 종종 이바와 함께 산책을 하거나 자전거를 타러 오는 곳이다. 아마스트란드 해변으로 들어가는 길 초입에 보이는 훈스트란드Hundestrand는 '강아지 해변'이라는 의미로 반려견들을 위해 따로 조성된 해변이다. 종종 반려견과 함께 산책하고 수영하는 사람들을 볼 수 있는데, 이런 사소한 부분에서조차 반려동물을 함께 살아가는 존재로 인식하고 진심으로 배려하는 사회임을 새삼 다시 느낀다.

훈스트란드 옆 작은 다리를 건너면 길게 뻗은 푸른 바다와 저 멀리 천천히 돌아가는 바람개비 모양의 풍력발전소가 시야를 채운다. 들어가는 초입에 자전거를 세워두고 햇볕에 따뜻하게 달궈진 모래를 밟으며 해변 가까이 다가갔다. 해변을 따라 걷다 인적이 드문 자리에 리넨 돗자리를 펼치고 자리에 누워본다.

한 편에선 노부부가 함께 온 반려견과 함께 맨몸으로 바닷물에 몸을 던진다. 누디스트 해변이 아님에도 덴마크에서는 이런 장면들을 쉽게 볼 수 있다. 해변을 비롯해 공원과 아파트 테라스에서도 상의를 완전히 탈의한 채 누워있는 사람들을 발견하곤 한다. 처음엔 이런 광경에 내심 놀랐지만, 이제는 몸을 몸 그 자체로 바라보는 시선이 익숙해지기 시작했다.

철썩거리며 부딪히는 파도 소리, 가벼운 아이들의 재잘거림이 들려온다. 해변의 모래는 사막처럼 골짜기를 만들고 햇빛에 모래알은 반짝거렸다. 각기 다른 빛깔의 작은 모래알은 손으로 쓸어내리는 동시에 부드럽게 흘러내렸다. 문득 알랭 코르뱅의 『날씨의 맛』의 한 구절이 떠오른다.

나무 그늘 아래서나 싱싱한 풀밭 위에서,
더위를 느끼면서도 그 더위를 식힐 수 있는 물가에서,
생각은 몽상에 잠기고,
마음은 만족스러워 모든 감각이 평온할 때,
가장 큰 기쁨을 느낀 후에 따라오는
달콤한 휴식을 만끽하는 것이다.

선선하고 가벼운 북유럽의 이 여름!

한참 해를 맞으며 누워있자니 푹 파인 자줏빛 수영복 위로 살갗이 뜨겁게 달아오른다. 몸에 묻은 모래를 살살 털어내며 자리에서 일어나 물을 향해 걸어 들어가기 시작한다. 차가운 기운이 발끝에 퍼지고 이내 무릎과 허벅지, 가슴을 덮친다. 몸속에 퍼지던 차가운 기운이 어느새 따뜻해지고 물속으로 완전히 들어가자, 머리끝부터 발끝까지 맑아지는 기분이 든다.

천천히 손으로 물을 가르며 바닷속을 헤엄치다 더 이상 발바닥에 자갈이 닿지 않을 때 몸 전체에 햇빛이 닿도록 몸을 가볍게 띄워본다. 구름을 가르며 지나가는 갈매기의 몸짓과 간간히 들려오는 둔탁한 물소리. 여름 바다에 몸을 맡긴 채 그저 바다를 만끽한다.

그렇게 흐르는 대로, 물의 흐름에 몸을 맡긴다. 자리로 돌아와 몸에 묻은 작은 모래 조각들을 털어내고 젖은 몸을 말리다 머리를 대고 눕는다. 옅은 파도 치는 소리와 갈매기 소리, 여러 가지 알 수 없는 언어가 뒤섞여 귓가를 맴돈다. 부드러운 바닷바람이 얼굴을 스쳐 지나간다.

북유럽에서는 겨울에도 수영하는 이들을 종종 볼 수 있다. 영하의 온도의 물에 몸을 담그며 몸 전체의 혈액순환을 촉진시키고 몸속 세포를 건강하게 만든다. 찬물 수영을 마치고 곧장 뜨거운 사우나를 하는 문화는 차가워진 몸을 뜨겁게 다시 달구는 행위를 통해 근육의 긴장을 풀어주고 혈관을 확장해 스트레스를 풀어준다. 지난 여름 다녀온 핀란드 사우나 경험은 사우나의 고장답게 그 문화에 푹 빠진 계기가 되었다.

시댁이 있는 지역은 헬싱키에서 세 시간가량 떨어진 곳으로, 빽빽한 숲으로 둘러싸여 인적이 드문 조용한 동네다. 호수를 바라보게 지어진 집 옆엔 작은 정원과 사우나가 나란히 자리하고 있다. 우리가 도착하기 전 시할머니 마이야가 미리 데워둔 사우나에선 모락모락 김이 났다.

본 적 없는 풍경에 넋을 놓고 바라봤던 기억이 난다. 여러 차례 사우나를 가보았지만, 핀란드식 사우나는 처음이기에 핀란드인들처럼 사우나를 경험해 보고 싶어 옷을 모두 벗고 사우나에 들어섰다.

후끈하게 데워진 사우나에는 진한 나무 향이 가득했고 돌 위에 천천히 물을 붓자 공기가 뜨거워지기 시작했다. 핀란드식 사우나는 이렇게 물을 천천히 부어 공기를 데우며 자기에게 맞는 온도와 습도를 찾아가는 방식이다. 뜨겁게 달궈진 사우나에서 차가운 맥주를 마시기도 하고 늦여름 떨어진 자작나무 잎을 엮어 말린 '비타Vihta'를 사용해 사우나 공기의 순환을 돕고 몸에 휘저어 은은한 향을 함께 즐기기도 한다.

한참을 뜨거운 김으로 땀을 낸 뒤 사우나를 벗어나, 바로 앞에 있는 호수에 몸을 담그면 열기로 가득했던 몸이 서서히 식기 시작하면서 뜨거웠던 기운이 기분 좋게 풀어진다. 이렇게 몇 차례 찬물 수영과 사우나를 반복하고 나면 몸을 씻어내는 것 이상의 편안함과 벅차오르는 기분을 느낄 수 있다. 사우나를 준비하고 행하는 모든 과정을 곁에서 지켜보면, 그들에게 사우나는 몸과 정신을 정화하는 하나의 의식임을 알 수 있다. 탈의한 상태로 들어가는 사우나 안에서는 서로의 지위는 더 이상 중요하지 않으며, 모두가 평등함을 다시 한번 되새기고 자연과 하나가 되는 경험이다.

전통적으로 사우나는 늘 신성한 공간으로 여겨졌다. '사우나 안에 들어가면 교회 안에 있는 듯이 행동하라.'라는 핀란드 속담에서 알 수 있듯이 사우나는 예부터 '자연의 교회'로서 역할 해왔다. 덴마크엔 핀란드와 같은 사우나 문화가 있진 않지만, 사우나를 경험해 보고 싶은 이들을 위해 해변가와 도심에 시설이 마련되어 있다. 코펜하겐 동쪽 레프샬로윈Refshaloen으로 가는 길목, 항구의 경계 구역에는 야외 수영장이 겸비된 '라 방키나La Banchina'가 있는데, 한때 조선소 직원들의 대기실로 쓰이던 버려진 목조건물을 개조하여 지금의 공간이 만들어졌다.

길게 늘어진 나무 데크에는 주말이면 사람들이 옹기종기 앉아 와인을 마시거나 핑크빛으로 피부를 그을리고 첨벙 뛰어드는 소리에 기분이 시원해지는 이곳은 낮에는 카페 겸 바로 운영되며, 유기농 재료를 사용해 만드는 가벼운 음식들이 준비된다. 커피에 곁들일 페이스트리류부터 고기를 제외한 생선과 제철 야채로 만드는 채식 요리, 해산물 요리 등을 맛볼 수 있고 야외에 준비된 테이블에서 즐기는 식사는 마치 숲속에 온 듯한 기분을 선사한다.

+++ 라 방키나 **La Banchina**
　　 Refshalevej 141, 1432 København, Denmark

애플 사이더,
싱그러운 여름을 떠나보내며

————

덴마크에 다시 돌아온 건 전 세계가 질병으로 혼란스럽던 시기였다. 북적이던 공항은 사람 보기 어렵게 한적했고 차가운 대리석 바닥과 유리로 둘러싸인 공항은 한층 더 삭막하게 느껴졌다. 질병이 퍼지지 않도록 조심하는 가운데 나라별 입국 상황은 시시각각 변했고, 앞서 탑승을 기다리던 손님이 규정이 바뀌어 입국을 거부당하는 상황을 보게 되자 마음은 한층 더 동요했다.

덴마크에 도착해 입국을 거부당할 경우 큰 벌금을 내고 자국으로 돌아가야 한다는 이야기를 듣자, 걱정이 앞섰다. 모든 게 모호하고 불확실해 어느 순간 무슨 일이 터질지 몰라, 인천 공항에서 덴마크 카스트룹에 도착하는 내내 마음을 졸였다. 불투명한 미래를 감수하고도 와야 할 이유가 있을까. 마음 한구석 의심이 생기기도 했지만, 시간이 지나니 왜 다시 이 자리로 돌아와야 했는지 선명히 보였다.

덴마크에 돌아오고 정착하기까지 시간이 걸릴 것을 감안해 적응 기간에는 시골에 있는 매즈와 시나의 사과 농장에서 일손을 도우며 시간을 보내기로 했다.

코펜하겐에서 두 시간 남짓 떨어진 곳으로, 기차역에서 버스로 30분 들어간 후 다시 조금 걸어야 도착하는 이곳은 레스토랑과 편의 시설, 슈퍼마켓과 동떨어져 있는 고요한 마을이었다. 처음 도착한 날, 지내는 동안 필요한 물건이 있으면 어떻게 구해야 하나 걱정이 앞섰는데, 차차 지내다 보니 살면서 필요한 것들이 생각보다 많지 않다는 걸 새삼 느끼게 됐다. 일주일에 한 번 장을 보러 가는 매즈와 시나는 필요한 양을 미리 가늠해 유제품과 생선, 육류 몇 가지를 넉넉하게 구비해 오고 대부분의 채소와 과일은 집 앞 텃밭에서 구해왔다.

사과 농장에 도착한 첫날, 짐을 내려놓기가 무섭게 매즈와 시나의 세 아이가 내려와 인사를 하기 시작했다. 에리카와 안톤 그리고 막내 엘더, 세 아이들과 그들의 친구 클라라가 함께 수줍게 인사를 건넸다. 호기심 어린 눈으로 나를 한

참 바라보다 다시 하던 놀이를 마저 하러 이층으로 올라가고, 막내인 엘더는 미처 알아듣지 못하는 덴마크어로 나에게 집고양이와 사람들을 인사시켜 주었다.

야생에서 나고 자란 고양이 틸르는 하루 대부분의 시간을 숲을 쏘다니며 보내지만, 배가 고파지거나 잠을 자야 할 때면 집으로 찾아오곤 했다. 엘더의 속도에 맞춰 집을 찬찬히 둘러보는데, 시나가 본인이 유기농법으로 가꾸고 있는 텃밭을 구경시켜 준다며 나를 이끌었다.

부엌으로 이어진 문을 열자, 오리들이 길을 막고 있었다. 나는 조심스레 나무문을 밀고 작은 마당을 가로질러 텃밭으로 향했다. 언뜻 보기엔 뒤섞인듯하지만 시나는 마치 무엇이 어디에 있는지 다 안다는 듯 채소를 하나씩 설명해 주기 시작했다. 루바브, 호박, 당근, 셀러리 같은 채소부터 딜과 자소를 비롯한 갖가지 허브와 야생 꽃이 서로 자리를 나눠가며 고루 피어 있었다.

규모가 크진 않지만, 그녀의 텃밭 채소들은 화학 비료를 사용하지 않고 일일이 손을 거쳐 건강하게 자라고 있었다. 채소 정원을 돌보는 일은 간단해 보이지만 생각보다 손이 많이 가는 작업이다. 씨를 뿌리고 싹이 트고 열매를 맺고 다시 씨를 받는 과정까지 늘 관심을 가지고 지켜보아야 하는 일이다. 이렇게 정성스럽게 가꿔 자라난 채소의 일부는 레스토랑으로 보내지고 남은 일부는 매일 저녁상에 풍성하게 올라온다.

코펜하겐에 살던 이들 부부는 자연에 가까운 생활을 하기 위해 아이들과 함께 이곳으로 보금자리를 옮겼다. 20년 이상 채소밭을 가꾸어 자신이 먹을 양의 채소는 자급자족할 방법을 터득한 시나는 정원 가꾸기에 관심 있는 이들이 좀 더 쉽게 이해하고 실천할 수 있는 방법을 상세하게 적어 유기농 채소밭과 주방 정원을 가꾸는 법에 대한 책을 냈다. 남편 매즈 역시 사과밭에서 나는 사과로 '애플 사이더 Æblecider'를 만들고 양봉을 하며 벌꿀을 이용해 만드는 벌꿀술인 '미드Mead'를 생산하여 판매한다.

이곳에서의 생활은 지극히 단순했다. 오전에 새 소리로 일어나 커피와 함께 아침을 깨우고 빵과 버터에, 집에서 만든 꿀과 잼을 발라 간단하게 식사했다. 커다란 수레를 들고 나가 사과를 따고, 점심시간이 되면 가볍게 가족과 식사를 한다. 식사 후 산책을 한 뒤, 한두 시간의 추가 작업을 하면 하루의 일과가 마무리된다.

하루가 일찍 마무리되면 사과를 따와 크럼블을 가득 올린 애플 케이크를 굽기도 하고 혼자 음악을 듣고 책을 읽으며 시간을 보내곤 했다. 저녁을 함께 나눈 뒤, 해가 내려앉는 시간이면 산책을 마친 고양이 틸르에게 간식을 주고 함께 잠이 드는 것으로 진짜 하루가 마무리된다.

농장에서 지내는 동안 감사하게도 수확에서 세척, 착즙, 발효 과정까지 사이더를 만드는 전 과정에 참여할 수 있었다. 가장 기초가 되는 사과를 재배하는 일은 단순한 업무였지만, 생각보다 만만치 않았다.

유기농법으로 재배하는 사과 농장엔 나무마다 각각 품종을 적어 구분해 둔 80종에 달하는 사과나무가 자라고 있었다. 집과 가까운 사과 농장은 대부분 단맛과 신맛이 적절한, 과실 그대로 먹을 수 있는 사과였고 집에서 5분 거리에 위치한 커다란 사과밭의 사과는 신맛이 강하고 떫은맛이 입에 남는 사이더 용으로 구분해 두었다. 이 두 가지 사과를 나눠서 사이더를 만들기도 하고 적절하게 블렌딩해 만드는데, 당도와 탄닌의 함유량에 따라 사이더의 맛이 정해진다.

언젠가 커피 프로파일에 대한 설명 중 사과에 대해 아시아와 북유럽은 다른 이미지를 가지고 있다는 말을 들은 적이 있다. 우리가 기억하는 사과의 맛은 단맛이 강하다면, 북유럽 사과의 이미지는 싱그럽고 산미가 돋보이는 맛을 떠올린다고 한다. 미네랄이 풍부한 물과 서늘한 덴마크의 기후는 사과나무가 서서히 열매를 맺게 하여 균형이 잘 잡힌 사이더를 만들어 내기에 적합하다.

여름의 끝자락이 되면, 싱그럽게 열리기 시작하는 사과 열매를 수확한다. 사과가 다치지 않게 바닥에 돗자리를 깔고 긁개로 가지를 쳐낸다. 멀리서 보면 모두 같은 모양을 하고 있지만, 가까이서 보면 사과는 각기 다른 모양, 다른 향기를 품으며 단단하게 익어가고 있었다. 툭툭 바닥으로 떨어진 사과들은 깨끗한 사과와 곪이 난 사과로 골라내며 상자에 담는다. 아무리 깨끗한 사과여도 오랜 시간 썩은 사과 옆에 두면, 빠른 속도로 함께 상하기 때문이다. 이렇게 커다란 박스에 수북이 담긴 사과들을 큰 세척 통에 담아 깨끗하게 씻어낸다.

여름의 끝무렵, 추운 기온이 계속되는 탓에 장갑을 겹겹이 끼고 세척을 해도 손이 새빨갛게 차가워지고 허리도 아파왔지만 깨끗하게 목욕을 마친 발그레한 사과들을 보고 있으면 어딘지 뿌듯해졌다. 세척을 마친 사과는 착즙 발효 과정을 거치고 난 후에 사이더로 완성된다. 착즙에 앞선 과정을 모두 마치기까지 시간이 오래 걸려 늦가을에서야 착즙을 시작할 수 있었다.

분쇄기에 담아 사과를 잘게 갈아내고 사과 조각들을 켜켜이 쌓아낸 뒤 강한 압력으로 눌러 사과즙을 짜낸다. 이때 나온 찌꺼기들은 대부분 거름으로 사용되고 일부는 이웃의 돼지 농장으로 보내져 사료로 사용된다. 착즙 과정을 마친 사과에 효모를 넣고 발효시켜 3~4주 정도 지나면 모든 과정이 마무리된다.

사이더에 따라 추가로 천천히 야생 발효 과정을 더하기도 하고 모과와 같은 과일을 첨가해 향을 입혀 마무리하기도 한다. 일부 숙성은 오크통에서 이루어지는데, 어린 사이더에 비해 풍부하고 부드러운 맛이 나며 바닐라와 나무 향, 흙 향이 은은하게 배어난다. 사이더는 발효 기간에 따라 다른 맛과 풍미를 지닌다. 신선한 사이더는 사과를 한 입 베어 문 듯한 향긋함과 산뜻한 단맛, 산미가 적절하게 어우러지며 차갑게 두고 마시면 입에서 탄산감이 올라오면서 부드러운 청량감이 도드라진다. 사이더는 상대적으로 와인이나 다른 종류의 주류에 비해 알코올 도수가 높지 않고 맛이 좋아 가끔 마시곤 한다.

사이더를 처음 접했던 건 프랑스에서 지낼 때 초대를 받은 자리에서였다. 식전주로 내어준 사이더를 마시곤 상큼하고 깔끔한 맛에 반했던 기억이 난다. 프랑스에서 사이더는 '시드르Cidre'라고 하고 대개 알콜 함량이 낮고 단맛이 강한 '두Doux', 약간의 단맛이 적당한 '드미섹Demi sec', 드라이한 '브륏Brut' 세 종류로 구분한다.

덴마크는 비교적 최근 들어 사이더 산업이 성장하며 소규모 사과 농장에서 각자의 개성을 담은 맛과 향의 사이더를 생산하기 시작했고, 사과주에 북유럽 과일과 허브를 첨가해 독특한 맛을 내놓았다. 코펜하겐에 사이더 전문숍이 생기기도 하고 이제는 마켓이나 델리에서 쉽게 좋은 사이더를 만나볼 수 있다.

얼마 전 주말 마켓에서 나오던 찰나, 예전에 함께 사이더를 만들었던 매즈를 만나게 되었다. 2년 전 함께 만들었던 사이더가 이제 맛있게 준비되어 판매하기 시작했다며 작은 와인잔에 담아 건네준다.

부드러운 탄산감에 깔끔한 맛을 자랑하는 사이더는 올해 상을 타게 되었다고 자랑스럽게 이야기해 주었다. 묵묵히 계절을 보내며 맛있게 익어온 사이더가 어쩐지 기특하게 느껴져 마켓을 떠나기 전 한 병을 가방에 담아 나온다. 긴 시간 함께한 사과 농장과 사이더에 담긴 추억을 읊어줄 누군가를 떠올린다.

하얀 밤,
가장 긴 마지막 여름날

———

유월의 마지막 주에 떠난 여행에서 돌아온 여독이 미처 풀리기도 전 우리의 일상이 다시 시작되었다. 한 달간의 꿈 같은 시간을 보내고 돌아온 덴마크. 다행히 가기 전 깨끗하게 정리해 두고 간 집은 늘 그렇듯 우리를 푸근하게 반겨주었다. 지구 반대편에서의 시간, 하루하루 즐거웠지만 여행 막바지에 이르러 조금씩 아늑한 집이 그리워질 때쯤 우리는 돌아갈 때가 되었음을 느낄 수 있었다.

길거리를 걸으며 들리는 뭉툭한 언어들, 얼굴을 스치는 차가운 공기와 함께 나의 의식이 이곳으로 천천히 돌아오기 시작한다. 때마침 하지 축제라는 걸 깨닫고는 놓칠세라 얼른 집을 나선다. 한해 중 낮이 가장 긴 날인 미드 섬머는 덴마크어로 '상트 한스Sankt Hans'라고 불린다. 이날을 기준으로 날마다 밤이 길어지고 낮이 짧아지는 셈이다.

세례요한Sankt Hans의 생일을 기념하는 날이자, 이전부터 이어져 오던 여름 축제로 원래는 악을 쫓는 관습을 행했던 전통이 지금까지 형태를 달리해 계속되고 있다.

매년 축제가 열릴 때 코펜하겐에서 가장 붐비는 곳은 티볼리Tivoli 정원과 아마스트란드 해변이다. 티볼리의 호숫가에서 모닥불을 바라보며 합창단의 노래를 들을 수 있고 근사한 잔디밭에서 하지 축제를 마무리할 수 있어 늘 인산인해를 이룬다. 올해도 이곳저곳에서 큰 규모로 준비되고 있었지만 우리는 조금 조용한 곳을 찾아 나섰다. 상트한스는 크리스마스와 같이 축제 전날부터 축하하기 시작하는 전야제로 대부분 밤 아홉 시 혹은 열 시 정도에 시작되어 늦도록 이어진다. 가기 전에 한숨 돌릴 만한 곳을 찾아보다 우리가 좋아하는 공원인 콩스 헤우Kongens have로 걸음을 옮긴다.

평소 그렇게 크고 울창한 나무들로 푸르르던 공원이 건조했던 날씨 때문인지 듬성듬성 누렇게 타들어 가듯 말라 있었다. 커다란 나무 밑에 편안하게 등을 대고 누워 눈을 감아본다. 아이들의 재잘거리는 소리와 느껴지는 살랑거리는 바람. 새삼 이곳에 돌아온 게 실감 난다.

잠시 피곤한 몸을 충전하고 축제에 가기 위해 공원에서

나와 '오펠리아 플라스Ofelia plads'로 향한다. 두 손 가득 맥주를 들고 즐거워 보이는 사람들 사이를 지나며 덩달아 설레는 기분이 들기 시작한다. 덴마크 여왕의 거처인 '아멜리엔보르Amalienborg'를 거쳐 광장에 다다르자, 웅성이는 사람들의 소리가 들린다.

자리를 잡으려 조금 일찍 출발했는데도 광장은 이미 축제를 기다리는 사람들로 가득 차 있었다. 어느새 서늘해진 날씨에 담요를 몸에 감싸고 맥주를 홀짝이며 기다리는 사람들, 그 틈 사이를 비집고 서 있을 곳을 찾는다. 시간이 되어가자 관중석이 고요해지고 하지 축제를 여는 연설이 시작되었다. 항구 한쪽에서는 개인 요트를 타고 온 이들이 일렬로 줄지어 구경하는 모습이 보이고, 그 옆으로는 '아드미랄Admiral' 호텔 창문으로 얼굴만 빼꼼 내민 사람들이 각자의 방식으로 축제를 즐기고 있었다. 긴 연설이 끝나자 '미드서머비슨Midsommervisen'이 시작되고, 한여름의 노래를 모두가 한 목소리가 되어 따라 부르기 시작한다.

여름 축제를 빛내는 노래인 미드서머비슨은 홀거 드라만Holger Drachmann의 시 중 일부로 매년 하지 축제 때마다 사람들이 이 노래를 부르며 함께 축하한다.

Den er bunden af sommerens

hjerter så varme, så glade

Vi elsker vort land

Men ved midsommer mest

Når hver sky over marken velsignelsen sender

Når hver af blomster er flest

여름의 끝자락

마음이 너무 따뜻하고 행복해

우리는 우리의 나라를 사랑해

특별히 한 여름엔,

들판 위의 구름들이 축복을 보낼 때

꽃이 가장 아름답게 피어날 때

　노래가 시작됨과 동시에 장작에 불을 붙이기 위해 기다리던 배가 천천히 항구 중앙으로 다다른다. 모닥불에 천천히 불꽃이 일어나기 시작하자 여기저기서 사람들의 환호성이 울려 퍼진다.

　다시 한번 다가온 뜨거운 여름을 축하하며 'God Sankthansaften! 고 상트 한스 아프튼!'을 외친다.

덴마크의 여름은 너무나도 짧기에 더욱 반짝거린다. 집에 돌아오는 길 아직도 밝은 하늘을 보며 한 해의 가장 긴 날을 마음속으로 다시 한번 축하해본다. 그렇게 다시 조금씩 조금씩 짧아질 해를 맞이할 준비를 한다.

아흡 달의 겨울

백야의 시간이 지나고 선선한 가을이 스치듯 지나갔다.

축축하고 차가워지던 날씨는 어느새 겨울이 오고 있음을 알렸다.

시월 중순부터는 모두가 겨울잠 자는 동물들처럼

각자의 에너지를 비축하며 활동량이 적어지기 시작한다.

이럴 때일수록 마음이 우울해지거나 침체되지 않도록

나를 잘 돌보기 위한 노력이 빛을 발한다.

눈부신 세 달의 여름과 고요한 아홉 달의 긴 겨울을 잘 보내는 법.

거창하지 않지만 우리를 행복하게 해주는 작은 일들을 찾아 나선다.

아홉 달의
긴 겨울을 보내는 법

———

오전 일곱 시, 아직 창문 밖엔 어둠이 어스름히 깔려있다. 부엌에 가서 은색 주전자에 물을 끓이고 종이 필터와 커피 원두를 꺼내어 온다. 봉투를 열자, 배꼽이 갈라진 원두들이 고소하고 진한 커피 향을 내뿜는다. 차가운 물 한 잔에 비타민 두 알을 입안으로 삼키며 하루를 시작한다. 겨울이면 해를 보기 쉽지 않은 코펜하겐에 살면서부터 들인 습관 중 하나다.

주전자가 달그락거리는 소리를 낼 때쯤 갈아놓은 원두를 필터에 털어 넣는다. 물줄기를 따라 작은 거품을 내며 몸집을 부풀리던 원두가 이내 한 방울 두 방울씩 떨어지기 시작한다. 요즘 매일 아침 잠시나마 앉아 시간을 들여 글을 적어 나간다. 한 글자, 두 글자 툭툭 내려놓듯 글을 쓰다 보면 어느새 마음이 한결 가벼워짐을 느낀다.

백야의 시간이 지나고 선선한 가을이 스치듯 지나갔다. 축축하고 차가워지던 날씨는 어느새 겨울이 오고 있음을 알렸다. 시월 중순부터는 모두가 겨울잠 자는 동물들처럼 각자의 에너지를 비축하며 활동량이 적어지기 시작한다. 이럴 때일수록 마음이 우울해지거나 침체되지 않도록 나를 잘 돌보기 위한 노력이 빛을 발한다. 눈부신 세 달의 여름과 고요한 아홉 달의 긴 겨울을 잘 보내기 위한, 거창하지 않지만 우리를 행복하게 해주는 작은 일들을 찾아 나선다.

창문을 여니 묵직하고 습한 공기가 피부로 와 닿는다. 이런 날이면 처지기 마련이라 맑은 공기도 마실 겸 목적 없는 산책을 나선다. 평소 같았으면 자전거를 탈 텐데 추워진 날씨에 차가운 바람을 마주할 용기가 나지 않아 두툼한 외투 속으로 몸을 숨긴 채 지하철역을 향해 걷는다.

사람들이 옹기종기 모여 앉아있는 집 앞 베이커리를 지나 역에 다다르자, 늘 그렇듯 제자리를 지키는 과일 가게 부부가 오늘은 새로운 과일을 가져왔다며 사람들을 불러 모은다. 싱싱한 채소와 과일, 몇 가지 허브를 가져오는 부부는 과일을 사면 하나 두 개 맛보라고 덤으로 넣어줄 만큼 인심이 좋다. 간이 천막으로 지어진 가게 안엔 사과와 배, 큼직한 모과 등 가을이 남긴 과일들이 색을 맞춰 늘어져 있다.

지하철을 타러 내려가는 길엔 추워진 날씨에 따라 어두워진 사람들의 옷차림이 눈에 띄었다. 벤로스Vanlose 방향으로 가는 지하철 사람들 틈에 서 흔들거리며 뇌어포트로 향한다. 역에 다다르자 가득 찼던 지하철이 수많은 사람들을 토해낸다. 지하철과 기차를 연결하는 역인 뇌어포트Norreport는 늘 오가는 사람들로 분주하다. 사람들 틈을 비집고 나와 숨을 크게 들이마시자, 코끝이 시리도록 차가운 공기가 몸 구석구석을 훑어 낸다.

역에서 나와 가장 먼저 마주치게 되는 '토브할렌Torvehallerne', 녹색 광장이 있던 이 자리에 층고가 높고 잘 정돈된 실내 마켓과 푸드트럭, 야외 채소 시장이 들어섰다. 흔히 떠오르는 자유로운 분위기의 시장과는 달리 깔끔하게 정돈되어 있고, 가격은 높은 편이지만, 생산자와 품질을 고려한 질 좋은 음식들은 믿고 구매하게 되는 이유다.

토브할렌은 이제 10년 남짓한 신생 마켓이지만, 스웨덴의 '외스터말름 살루홀Östermalm saluhall'이나 핀란드의 '반하카우파할리Vanha Kauppahaiili' 등의 실내 마켓에서는 100년 넘게 대를 이어온 가게를 쉽게 만날 수 있다.

자주 오진 않지만, 이렇게 한 번씩 들리게 되는 날엔 무엇을 꼭 담지 않아도 기분이 좋아진다. 마켓엔 싱싱한 제철 과일과 마트에서 만나기 힘든 독특한 허브와 채소들 그리고 형형색색의 꽃이 진열되어 있다. 꽃 가게에는 어린아이만한 키의 커다란 꽃과 나무들, 아직 움트지 않은 작은 봉오리가 맺힌 겨울 가지들이 들어오는 이를 맞이하고 있었다. 우리의 기념일을 소소하게 맞이할 꽃을 천천히 찾아보다 얼굴이 작고 앙증맞은 블루 미모사가 눈에 들어온다.

연한 노란빛 아담한 봉오리가 알알이 달린 모습이 마음에 들어 한 다발을 집어 들고 계산대로 가져간다. 친절한 점원은 나무색 마분지에 꽃을 둘둘 말아 품에 안겨준다. 한 팔 가득 꽃을 품에 안고 실내 마켓으로 들어서니 갓 구운 빵 냄새와 녹진한 치즈 냄새, 싱싱한 해산물에서 오는 바다 냄새가 뒤섞여 사방에서 오는 이들을 유혹한다.

오랜만에 치즈 가게에 들러 어떤 치즈가 들어와 있는지 기웃거린다. '오스트부틱Ostebutik'엔 덴마크에서 가장 흔히 볼 수 있는 '단보Danbo' 치즈부터 이탈리안 모차렐라, 프랑스의 '호크포르Roquefort' 같은 블루치즈까지 다양한 치즈가 진열되어 있었고, 묵직하고 콤콤하게 잘 익은 유제품 향이 가게에서 퍼져 나왔다. 종종 구매하는 치즈인 '베스터하우오스트Vesterhavsost'를 골라 손으로 가리키자, 무심한 듯 종이에 말아 담아준다.

덴마크에서 먹어 본 몇몇 치즈는 향이 강해 입에 맞지 않았지만, 베스터하우오스트 치즈는 적당히 단단한 식감에 고소한 맛이 풍부해 자주 구매하는 편이다. 덴마크 북해에서 만들어져 '보브비에르 등대Bovbjerg Lighthouse' 저장실에서 여덟 달 정도 숙성하는 치즈로 바다의 짠맛과 견과류의 고소한 향이 더해진다. 크래커나 얇게 자른 빵에 버터를 발라 슬라이스해 얹으면 풍미가 입안 가득 퍼진다.

옆 베이커리에서 풍겨 나오는 잘 구워진 사워도우 냄새에 못 이겨 함께 먹을 빵 반 덩이도 잘라 담아온다. 빵이 담긴 봉투 사이로 시큼한 사워도우의 향이 빠져나온다. 집으로 가기 전 '커피 콜렉티브Coffee Collective'에 들러 필터 커피 한 잔을 주문하고는 자리에 앉는다. 커다란 통창 밖으로 보이는 사람들, 과일 가게 앞에서 이리저리 오렌지를 굴려 가며 향을 맡는 백발의 할머니, 유모차에 곤히 잠든 아이와 천천히 꽃을 구경하는 여인을 눈으로 담으며 머릿속으로 한 편의 영화를 만든다. 각자의 소설 속 주인공이 되어 살아가는 사람들을 상상하며 커피를 홀짝 마셨다.

집으로 돌아와 재료를 주방에 올려두고 미모사 다발을 풀었다. 줄기를 다듬고 다치지 않게 유리병에 조심스레 꽂아둔다. 하루의 끝을 함께 할 손님을 기다리며, 쌉쌀한 다크초콜릿을 녹여 초콜릿케이크 반죽을 만들고 케이크와 함께 마실 얼그레이 티를 우려둔다.

집안 곳곳에 은은한 베르가못 향이 퍼질 때쯤 노오란 해바라기와 함께 도착한 친구 부부가 창문 밖으로 인사를 건넨다. 조지아에서 온 친구 부부가 조지안 내추럴 와인을 가져온다는 말에 와인과 잘 어울릴 음식들로 저녁 메뉴를 준비한 참이었다. 맛이 깊고 흙 내음이 묵직한 조지아 와인은 구하기 쉽진 않지만, 종종 마실 때면 프랑스나 이탈리아 와인과는 다른 독특한 맛과 향에 놀라곤 한다.

가져온 와인을 한 잔씩 나누며 저녁 식사를 시작했다. 만남이 드물어지는 이 계절, 허물없는 관계의 사람들과 보내는 편안한 시간, 촛불 앞에 앉아 대화로 늦은 밤을 지새우며 서로에게 마음을 내어준다.

코펜하겐의 미식을
경험하고 싶다면

―――――

덴마크에 온 뒤로 한동안 놓고 있던 뜨개질을 다시 시작하게 되었다. 겨울이 다가오기 전 동네 실 가게에 들러 마음에 드는 뜨개실 두 뭉치를 골라 담아왔다. 아직도 간단한 것 몇 가지 뜨는 정도가 전부이지만, 잠깐의 시간이 날 때 한땀 두땀 떠 둔 목도리는 추운 계절 유용하게 쓰인다. 지하철을 타거나 친구를 만나러 갈 때면 이야기하면서 틈틈이 뜨개질을 하곤 했는데, 함께 하면 좋겠다는 생각이 들어 친구와 함께 시간을 맞춰 뜨개 모임을 갖기 시작했다.

최근 크로셰에 빠져든 그녀와 특별히 정해진 날 없이 서로 언제든 이야기를 나누고 싶은 날이면 만난다. 늦은 오후, 가방에 책 한 권과 뜨개실을 담아 집을 나섰다. 우리가 자주 만나는 약속 장소인 '오렌스 델리Aurens Deli'로 향했다.

중심가에서 조금 떨어진 한적한 동네 프레데릭스베르그Frederiksberg에 있는 오렌스 델리는 푸근한 분위기와 신선한 음식으로 동네 주민의 사랑방이 되어주고 있다. 가게 바로 옆 악셀 뮐러스 헤Aksel Møllers have 광장에서 한 달에 한 번 파머스 마켓이 열리는 날이면 마켓에서 나와 브런치를 먹기 위해 들르는 사람들로 가득 찬다. 일 년 전 조용하던 거리에 문을 연 이곳은 '델리카슨 바Delicatessen & Bar' 컨셉으로 오전부터 저녁까지 문을 열고 사람들을 맞이하고 있다.

이른 시간에는 주로 커피와 간단한 브런치를 판매하고 오후부터 와인과 맥주 등의 주류부터 곁들여 함께 즐길 수 있는 음식이 준비되어, 저녁엔 대부분 가벼운 식사와 와인을 즐기러 온다. 오렌스 델리에 들어서면 가장 먼저 보이는 채소 테이블은 풍성한 계절의 색으로 방문하는 이들을 즐겁게 맞아준다. 흙이 묻은 자연스러운 채소와 과일들은 모두 덴마크 현지에서 재배되거나 유럽의 생산자들에게 공급받아 늘 신선하다. 잎을 잘라내지 않은 당근, 제각각 모양이 다른 호박과 알이 작지만 향긋한 모과 등 채소를 직접 골라 담아갈 수 있도록 종이봉투가 마련되어 있다.

옆으로 보이는 키가 큰 셀러 한쪽엔 이탈리아에서 들여온 올리브 오일, 스웨덴에서 로스팅한 향이 좋은 커피, 영국과 프랑스에서 만든 치즈 등 덴마크와 유럽 각지에서 들여온 질 좋은 식재료가 칸칸이 채워져 있다. 신선한 우유를 만드는 덴마크 동물복지 소규모 농장에서 배달되는 우유와 요거트, 본홀름에서 만든 스파클링 워터, 향을 더한 콤부차도 냉장 코너에 보인다. 계산을 기다리는 동안 테이블 위에 놓인 과일과 채소를 구경하던 손님들은 이내 오렌스 델리를 나서며 바구니를 채워간다.

이곳을 운영하는 헨리와 페르닐 커플은 이전에 코펜하겐의 미쉐린 레스토랑 '아마스Amass'에서 근무하며 쌓은 경험으로 오렌스 델리를 열게 되었다. 이 공간은 마치 친구 집에 와있는 듯한 따뜻하고 편안한 기분을 안겨준다. 기본적인 몇 가지 메뉴를 제외하고 계절에 따라 바뀌는 식재료를 이용해 재료 본연의 맛과 향을 살려낸 음식을 맛볼 수 있다.

매장의 벽면 한쪽을 채운 원목 선반엔 두툼한 요리책과 레코드판이 빼곡하게 꽂혀 있고 오이, 샬롯, 레몬 등 종류별 채소들이 유리병에 피클링되어 진열되어 있다. 그들의 취향이 담긴 레코드 셀렉션은 이곳을 방문하는 또 하나의 이유인데, 낮에는 한결 차분한 음악으로 저녁엔 비트가 있는 음악으로 분위기에 따라 음악을 선곡해 준다.

잔잔한 음악이 흐르는 테이블 위로는 점심 식사를 위해

준비된 모르타델라Mortadella 샌드위치와 잘 구워진 키쉬가 구움틀 째 놓여 있다. 부드러운 곡선으로 마무리된 나무 테이블에서는 열린 분위기의 공간에 처음 보는 이들과 마주 보며 식탁을 나누는 일이 어색하게 느껴지지 않는다.

코펜하겐에는 헨리와 페르닐 커플처럼 세계적으로 잘 알려진 레스토랑에서 경험을 쌓아 자신만의 색을 더한 베이커리와 카페 혹은 레스토랑을 여는 경우를 종종 볼 수 있다. 그들은 레스토랑에서 배운 생산자와의 소통 방식을 귀중히 여기며 이러한 형태을 이어가도록 노력하고 있다.

코펜하겐의 미식 바탕엔 농부와 생산자, 베이커리, 카페, 레스토랑 모두가 하나의 유기체처럼 연결되어 서로 돕고 상생하는 구조가 깔려있다.

김이 서린 문을 열고 들어서자, 작은 공간을 가득 채운 손님들 틈으로 멀리서 다니엘이 반갑게 인사를 건넨다. 오렌스 델리를 관리하는 매니저 다니엘은 오는 이들에게 늘 마음을 담은 안부를 묻는다. 기분 좋은 그의 환대는 방문하는 이들을 행복하게 만든다.

외투를 벗어두고 문 곁 창가 쪽에 놓인 둥그런 테이블에 친구와 함께 둘러 앉자 자리로 메뉴를 전달해 준다. 늘 그렇듯 필터 커피 두 잔과 케이크 한 조각을 시키자 곧 하얀 접시에 폭신하게 구워진 올리브 케이크가 담겨 나온다. 촉촉한 올리브 케이크엔 큼지막한 무화과가 듬성듬성 잘라 올려져 있고 그 위로 달콤한 시럽이 올라와 있다. 함께 나온 리코타 치즈와 올리브 오일을 곁들여 커피와 함께 맛을 음미하고는 뜨개실을 꺼내둔다.

커다란 원목 테이블에 펼쳐둔 짙은 푸른색의 실들, 뜨다만 원형의 뜨개 위로 다시 한 코 두 코 떠나가기 시작한다. 눈으론 뜨개실을 보고 귀로는 서로의 못다 한 이야기를 담아가며 늦은 오후 시간을 함께 보낸다. 커피잔이 비워지고 그녀의 테이블 매트가 그럴싸한 크기가 되어갈 때쯤 테이블에 하나둘 초가 놓이기 시작한다.

밝았던 조명을 낮추고 한결 비트 있는 음악으로 분위기를 바꾸며 자연스럽게 저녁 손님을 맞이할 준비를 한다. 커피잔 대신 작은 와인잔과 '아페로Apero'로 채워진 테이블. 다니엘에게 좋아하는 맛을 읊어주자, 몇 병의 와인을 가지고 와 시음을 권한다. 이곳의 꽃이기도 한 오렌스 델리의 와인 셀렉션은 어떤 와인을 골라도 맛있지만, 그중 무겁지 않고 과일 향이 도드라지는 와인으로 부탁한다. 옅은 루비색의 '가메Gamay'와 '피노 누아Pinot Noir'가 적절하게 섞여 섬세한 과일 향이 나는 프랑스 오베르뉴의 레드와인을 한 모금 마시자, 싱그러운 베리 향과 체리 향이 입안에 부드럽게 퍼진다.

저녁을 함께할 와인이면 좋겠다 싶어 시음했던 와인을 부탁하고 이번주 메뉴에 올라온 와인에 함께 곁들일 간단한 음식을 함께 주문한다. 곧이어 테이블 위로 슬라이스한 사워도우와 올리브 오일, 살구잼을 곁들인 '리예트Rillettes'와 올리브 오일에 구운 양배추가 담긴 부드러운 치즈가 차례로 올라왔고, 홀짝이던 와인과 함께 이 조화를 맛보기 시작한다. 정성스럽게 준비된 음식과 공간 위로 오가는 대화, 즐거움을 더해주는 음악에 몸을 맡긴 채 우리는 이 시간에 젖어 든다. 와인 한 병을 앞에 두고 함께하는 이 시간을 천천히 음미하며 와인잔을 비워간다.

+++ 오렌스 델리 Auren's Deli
   Godthåbsvej 35, st. Th, 2000 Frederiksberg, Denmark

어두운 도시를 밝히는
아늑한 오렌지빛 조명

————

We design to shape light.

우리는 빛의 형태를 디자인한다.

_루이스폴센louis poulsen

어둠이 슬며시 내려앉은 도시 위로 옅은 조명이 거리를 비추기 시작한다. 축축하게 젖은 나뭇잎들은 미처 마르기도 전에 차가운 바람으로 뒤덮이고 매서워진 날씨에 거리를 걷는 사람들은 두꺼운 코트를 연신 여민다. 일렬로 늘어선 창문 너머로 새어 나오는 오렌지빛 조명들. 은근하게 저마다의 빛으로 어두워진 거리를 밝히며 밤을 맞이한다.

가을과 겨울을 가로지르는 11월이 되면 본격적으로 시작되는 조명의 시간. 창살과 커튼이 없는 유리창 위로 가지런히 놓인 꽃병과 촛대들이 자연스럽게 사람들의 시선을 모은다. 겨울빛이 드문 이곳에서는 채광을 중요하게 여겨 커튼 없는 생활이 익숙한 일이다.

가림막을 해두지 않고 개방적으로 열어 두어도 타인의 집을 빤히 쳐다보거나 들여다보는 일은 거의 없다. 처음엔 이런 방식이 의아하게 다가왔지만, 이내 창문 너머 놓인 작은 조명들이 거리를 걸을 때 아늑함을 더해주었고 자연스럽게 접하는 이런 풍경 덕분인지 덴마크에 와서 조명에 대한 관심이 자라나기 시작했다.

덴마크에서는 공간의 활용에 맞게 조명을 배치해 두는 경우가 많다. 하나의 중심 조명으로 공간 전체를 비추는 방식이 아니기 때문에 조명이 필요하지 않은 곳은 자연스럽게 어둠으로 남겨두고, 집중해야 할 곳에 빛을 배치해 둔다.

식탁 위 조명을 낮고 가깝게 내려두어 대화에 집중할 수 있도록 돕고, 거실에도 전체 조명을 켜는 대신 스탠드 전등이나 보조 조명으로 낮게 빛을 깔아두곤 한다.

사용하는 전구 역시 눈을 자극하는 밝은 주광색의 조명 대신 따뜻한 오렌지빛 전구를 사용한다. 카페를 가거나 지인의 집에 초대받았을 때 늘 아늑한 기분이 들었던 건 따뜻한 색의 조명 때문이라는 것을 알게 되었다.

대부분 연식이 있는 덴마크 아파트에서는 현대식 아파트처럼 기존에 조명이 설치되어 있는 경우가 드물다. 이전 세입자가 집을 비울 때 조명과 전기선을 완전히 제거하는 일이 흔하기 때문에 이사 들어갈 때 대부분 전기를 새로 연결하고 조명을 설치하고, 빈티지 조명이나 현대 덴마크 디자이너의 조명을 공간의 개성에 맞게 선택하게 된다.

빛의 조각가라고도 불리는 폴 헤닝센Poal Henningsen의 디자인은 빛과 어둠의 조화를 적절하게 만들어 내어 은은한 분위기를 준다. 루이스폴센의 'PH 시리즈' 조명은 덴마크 가정집을 비롯해 사무실과 쇼룸에서 흔히 볼 수 있고, 덴마크의 대표적인 디자인으로 자리 잡았다.

폴 헤닝센 외에도 덴마크의 저명한 건축가, 아르네 야콥슨Arne Jacobsen의 'AJ 시리즈', 질감과 색을 다양하게 사용하여 창의적이고 실험적인 디자인을 담아내는 디자이너 베르너 판톤Verner Panton의 'VP 시리즈' 등은 현재까지도 많은 디자이너들의 영감의 대상이다. 나 역시 루이스폴센의 기본 철학, '어둠으로 채운 여백'을 통해 집중해야 할 곳에 빛을 두어 공간을 풍성하게 누리고자 덴마크에서 집을 옮겨 다닐 때마다 집에 어울리는 조명을 찾아다닌다.

마음에 드는 빈티지 램프을 눈여겨 보다 결국 구매해 거실 한쪽에 두기도 하고, 복도를 비추는 작은 전등 갓을 직접 만들어 사용해 보기도 했다. 해가 지지 않는 여름엔 오브제로서 역할을, 어둠이 길어지는 시기엔 아늑한 촛불과 같은 조명이 되어줄 빛을 여전히 찾아 나선다.

생각해 보면 덴마크의 인테리어 디자인이 발달할 수 있었던 건 북유럽의 척박한 날씨의 영향이라고 할 수 있다. 길고 어둠이 짙게 깔리는 환경 속 일상의 대부분을 실내에서 보내는 데 익숙한 덴마크인들에게 집은 가장 중요하고 편안한 공간으로 다가온다.

그렇기에 집이라는 공간을 잘 가꾸어 나가는 것, 집에서의 시간을 잘 채우는 데 자연스럽게 관심을 기울이게 되고, 매일을 봐도 질리지 않을 단순하지만, 은근한 디자인이 북유럽 디자인을 구성하는 핵심 요소가 되었다.

얼핏 보면 전부 비슷해 보이는 형태 때문에 종종 북유럽 디자인이 지루하다는 오해를 사곤 하지만, 좋은 품질과 변하지 않는 미감으로 북유럽의 미니멀한 디자인은 그 자리를 오랫동안 지키고 있다.

겨울을 알리는
북유럽식 밀크포리지

―――――

일렬로 가지런히 놓인 초, 작은 알전구들이 창가를 수놓기 시작하면 본격적인 겨울에 들어선다.

가을과 겨울의 경계가 모호한 시간들. 이 작은 불빛들은 두 계절의 사이를 부드럽게 이어준다.

한 달 남짓 남은 크리스마스는 일찍이 도시를 겨울 분위기로 물들여 가고 곳곳에서 열리기 시작하는 크리스마스 마켓은 기다리는 이들의 마음을 잔뜩 부풀려 놓는다.

매년 이 시기가 되면, 겨울 분위기에 흠뻑 젖어들고 싶은 사람들이 크라스마스 마켓에 모여든다. 마켓은 시내 곳곳에서 열리지만, 그중 화려한 티볼리 정원의 마켓은 늘 인기가 좋아 낮부터 저녁까지 길게 줄이 늘어선다. 마켓 중앙 나무로 지은 간이 쉼터와 테이블엔 향신료와 함께 데워낸 와인 '글뢰그Gløgg'를 손에 움켜쥔 사람들이 연신 향을 맡으며 몸을 녹이고, 다른 한쪽에선 덴마크식 팬케이크인 '애블스키어Æbleskiver'를 노릇하게 구워낸다.

매대에 진열된 섬세한 수공예 크리스마스 장식과 폭신하게 뜬 양모 양말을 눈으로 훑으며 크리스마스 선물을 떠올리다 못 이긴 척 사람들 틈에 끼어 글뢰그 한 잔을 주문해 본다. 따뜻한 와인에 뒤섞인 감귤 향과 계피 향. 입안에 맴도는 축제의 기분을 느끼며 나른해진 몸을 파묻는다.

서늘한 바람을 안고 집으로 돌아와 걸치고 있던 두꺼운 외투를 벗어두고 부엌으로 향한다. 전날 만들어 둔 글뢰그가 담긴 냄비를 데우며 베이지색 꽃이 큼지막이 그려져 있는 컵 두 개를 꺼내온다. 어두워지는 창밖을 바라보며 하루 동안 재워두어 풍미가 깊어진 글뢰그를 홀짝거리다 달콤한 밀크포리지 '리살라망Risalamande'을 만들기로 한다.

덴마크의 대표적인 겨울 디저트이자, 내가 가장 좋아하는 덴마크 음식 중 하나인 리살라망은 녹진한 크림과 그 위에 올려진 체리 향이 크리스마스를 절로 떠올리게 하는 음식이다. 찬장에서 바닥이 두꺼운 냄비 하나를 꺼내와 우유와 쌀을 부어 넣고 천천히 냄비를 젓기 시작한다. 리살라망을 만들 때 사용하는 쌀은 '그로 리스Grød Ris'. 포리지를 만들

때 주로 쓰이는 쌀로 한국식 밥을 만들기에도 가장 비슷한 종류이다.

통통한 바닐라빈 한 깍지를 반으로 갈라 씨를 긁어 넣고 속이 텅 빈 깍지를 함께 넣어 끓여내자 따뜻한 온기와 함께 바닐라 향이 가득 퍼진다. 하얗게 창틀에 서린 김을 닦아내며 한참 저어가던 밀크 포리지를 불에서 내려둔다. 너무 뜨겁지 않게 한 김 식힌 뒤, 껍질을 벗겨 낸 아몬드를 잘게 부수어 넣고는 마무리할 체리 소스에 레몬즙을 더한다.

오래전부터 리살라망을 만들 때 통아몬드를 한 알 넣는다. 숨겨진 아몬드를 찾는 사람에게 아몬드 페이스트인 '마지 팬Marzi Pan'으로 만든 돼지 모양의 선물을 주는 전통이 있어 잊지 않고 넣어준다. 포리지를 그릇에 담고 잘라 둔 아몬드와 체리 소스를 올리자 제법 근사한 한 그릇이 완성되었다. 이렇게 한 냄비 가득 만들어둔 포리지는 몇 날 며칠 우리집의 아침 식사가 되기도 하고 늦은 오후 출출한 배를 달래줄 간식이 되기도 한다.

지금은 이렇게 친근한 음식이 되었지만, 처음 쌀로 만든 디저트를 접했을 땐 어딘가 생소하게 다가왔던 기억이 난다. 포슬포슬하게 지어낸 밥에 올린 김치 한 조각.

나에게 쌀은 늘 식사의 기본이었고 짠 음식인 '세이보리Savory'를 이루는 재료 중 하나에 가까웠다. 한식에서의 쌀은 대체로 주식으로서 역할을 담당하지만, 북유럽에서 쌀은 디저트 혹은 샐러드에 쓰이는 경우가 많다.

달콤한 쌀 요리를 접하게 된 첫 경험은 프랑스 파리의 한 카페에서 전통적인 프랑스 디저트 '히오레Riz au lait'를 처음 본 순간이었다. 쌀을 넣은 밀크포리지에 바닐라 풍미가 가득한 디저트라. 어쩐지 쌀이 달콤하다는 생각이 묘한 이질감을 주기도 했지만, 궁금한 마음이 더 컸다.

전통적인 레시피를 변형해 만든 그 가게의 히오레는 밀크포리지에 카라멜라이즈된 견과류가 풍성하게 올려져 있었다. 한 스푼 입으로 가져가자 진한 우유 향과 달콤하고 고소한 구운 아몬드의 풍미가 뒤섞이며 입안으로 퍼져갔다.

낯설지만 다정한 맛. 이날의 만남을 계기로 쌀의 달콤한 맛을 살려낸 디저트라면 주저하지 않고 맛을 본다.

리살라망은 많은 덴마크인들이 좋아하는 디저트이자 크리스마스 이브에 늘 빠지지 않고 나오는 메뉴이기도 하다. 집마다 각자의 방식으로 조금씩 변형해 만드는데, 맛이 좋기도 하지만 덴마크인에게 사랑받는 이유는 무엇보다 집에서 준비하는 소박한 겨울의 기억을 떠올리게 하기 때문이 아닐까 싶다.

나에게 매해 겨울이면, 달큰한 무가 담긴 어머니의 갈치조림이 떠오르듯이. 덴마크 할머니와 어머니가 만들어 주던 따뜻한 밀크포리지의 기분은 어떨지 마음속으로 상상해 보며 이 순간을 즐긴다.

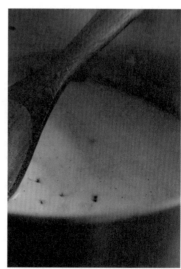

리살라망
Risalamande

재료	
·그로 리스 쌀 500g	·바닐라빈 1/2개
·우유 2ℓ	·소금 1/2t
·생크림 500ml	·껍질을 벗긴 아몬드 150g
·흰설탕 30g	

HOW TO

1. 바닥이 두꺼운 냄비에 쌀과 우유를 붓고 잘 저어가며 끓이기 시작한다.

2. 바닐라빈의 꼬투리를 갈라 칼로 씨를 긁어낸다. 바닐라빈 껍질과 씨를 냄비에 넣어 함께 끓여준다.

3. 낮은 온도의 약불에서 우유가 바닥에 눌어붙지 않게 자주 저어주며, 30~40분 정도 천천히 익혀준다.

4. 바닐라빈 껍질을 제거한 뒤 포리지에 소금으로 간을 하고 설탕을 넣은 뒤 잘 섞어준다.

5. 생크림을 볼에 차갑게 휘핑하여 걸쭉한 농도로 만들어 준다.

6. 식혀 둔 포리지에 크림을 넣어 잘 섞은 뒤 그릇에 담아 준다.

7. 체리 소스를 올린 뒤 아몬드를 잘게 부숴 포리지 위에 올려 완성한다.

체리	· 체리 200g
소스	· 물 150ml
	· 설탕 150g
	· 옥수수 전분 5g

1. 체리의 씨를 제거한다.
2. 냄비에 물, 설탕, 체리를 넣고 중약불로 끓여주며, 중간중간 불순물을 제거해 준다.
3. 옥수수 전분을 약간의 물과 섞은 뒤 냄비에 조금씩 부어가며 잘 섞어준다.
4. 소스의 농도가 되면 불에서 내린 뒤 실온에서 식혀 준다.

나의 사랑스러운
빈티지 마켓

———

기억을 거슬러 보면 어릴 적부터 플리마켓을 참 좋아했다. 동네 공원에서 자리를 깔고 앉아 물건을 팔거나 중고 물품을 모아 파는 가게가 보이면 주저 없이 들어가 보곤 했다. 밖에서 흔히 구할 수 없는 오래된 물건들은 마치 보물찾기를 하는 듯한 기분을 안겨주었고, 대부분 저렴한 가격이라 큰 고민 없이 쉽게 손에 넣을 수 있다는 게 참 좋았다. 자잘한 악세서리부터 공책, 예쁜 원피스까지, 이렇게 하나하나 찾은 좋아하는 것들로 집을 채워가기 시작했다.

그 어릴 적 기억이 좋아서였을까. 플리마켓에 대한 나의 짙은 애정은 파리와 코펜하겐에서까지 이어졌다. 파리에 사는 동안 틈이 나면 플리마켓에 나가 오늘은 어떤 새로운 물건들이 있나 보러 갔고 때로는 장사하시는 분들과 소소한 이야기를 나누는 재미로 찾아다니기도 했다. 나의 보물 찾기가 끝날 무렵이면 마켓에서 파는 버터 향이 가득한 따뜻한 크레페를 먹는 것이 일상의 즐거움이었다.

처음 파리에 유학을 가기 전 내가 가진 파리 사람들에 대한 이미지는 마치 파리 패션위크의 모델들처럼 시크하고 화려한 옷을 입고 다닐 것만 같았다. 하지만 막상 가보니 대부분 사람들의 옷차림은 수수하기 이를 데가 없었고 신경 쓰지 않은 듯 편안하게 차려입은 멋이 있었다.

누구 하나 같은 옷을 입은 걸 찾아보기 어려울 만큼 튀지 않지만 각자의 스타일이 있었다. 프랑스 사람들은 새로운 것과 오래된 것을 어떻게 적절하게 조화하는지 잘 아는 것 같았다. 파리에서 지내면서 플리마켓과 빈티지 샵을 많이도 갔는데, 그렇게 모은 옷들을 입고 한국에 돌아갈 때면 단정함과는 거리가 멀게 변해버린 딸의 모습에 부모님은 안쓰럽다는 듯 쳐다보시곤 했다.

옷은 늘 깔끔하게 입어야 한다고 늘 옷매무새를 만져주고 챙겨주시던 부모님에게는 나의 중고 시장 옷들이 그다지 매력적이지 않았겠지만, 마음 한구석 어딘가 '이 옷은 나만 갖고 있어'라는 생각에 은근한 뿌듯함이 있었다.

지금도 옷장엔 주변에서 더 이상 입지 않아 선물해 준

옷과 차근차근 모아오던 빈티지 옷들 그리고 한번 사서 오래 입을 수 있는 좋은 질과 소재의 옷들이 채워 있다. 이런 나와는 달리 프랑스인인 남편은 옷을 함부로 사거나 낭비하는 법이 없다. 옷이 낡아질 때면 정리하고 새로 사는 정도가 다일 뿐.

하지만 그런 그와 내가 플리마켓을 함께 찾는 이유는 둘 다 가구와 오브제에 관심이 많기 때문이다. 둘이 함께 방문하는 날이면 나는 하나부터 열까지 샅샅이 돌아보지만, 그는 작은 오브제들과 가구, 엘피를 뒤적거린다.

운이 좋은 날엔 값싼 가격에 희귀한 앨범을 찾아내기도 하고 실제로 잘 작동하는 카메라를 구매하기도 했다. 그렇게 눈 크게 뜨고 찾아낸 촛농 자국이 그대로 남아있는 촛대, 빛이 바랜 원목 의자, 100년 전쯤에나 쓰였을 법한 구리 냄비 등 우리집은 하나둘 손때묻은 장식들로 채워졌다.

여행할 때도 플리마켓이나 중고 서점이 보이면 들러서 여행을 기억하는 징표로 가져오기도 한다. 지난번 한국 여행 때 동묘에서 찾은 유기그릇들과 중고상에서 구입한 이문세의 바이닐, 핀란드의 플리마켓에서 발견한 빈티지 라인의 아라비아 그릇들까지. 이 물건들을 보면 그날의 기억이 새록새록 떠오른다.

덴마크에선 정기적으로 열리는 플리마켓과 지역의 중고 샵, 온라인 형태의 중고 마켓 등 다양한 방식으로 중고 매매에 참여할 수 있다. 온라인 중고 마켓의 경우 주방용품, 침구류, 의류 등의 생필품부터 자전거나 자동차도 찾아볼 수 있고 심지어는 섬머하우스를 단기 임대하거나 집을 판매하기도 한다.

지금 시대처럼 새로운 것을 쉽게 사고, 쉽게 버릴 수 있는 세상에 오래된 물건에 가치를 두고 새로운 이야기를 전해주는 것들이 참 소중하게 느껴진다. 보통 신혼부부에게 큰 부담이 되는 신혼살림을 장만하는 데도 우리는 둘 다 누군가의 손을 거친 물건에 거부감이 없어서 큰돈 들이지 않고 첫 시작을 할 수 있었다.

꼭 필요하다고 생각한 세탁기와 침대만 새로 사고 식탁과 찬장, 소파 등 큼직한 가구들은 모두 중고로 구했다. 식탁은 지금 유행하는 색감의 덴마크식 가구는 아니지만, 진한 색의 원목으로 만들어져 한국에서 가져온 그릇들과 참 잘 어우러진다. 집에서 내가 가장 아끼는 가구인 다이닝룸의 장식장도 저렴한 가격에 구매하고는 너무 무거워서 집까지 가져오느라 고생했던 기억이 있지만, 바랜 나무 빛과 질감이 마음에 들어 만족스럽게 사용하고 있다.

앤틱에 관심이 많다면, 가멜 스트란드Gammel strand와 콩스

뉘트로우Kongens Nytrov, 토브할렌 광장에서 열리는 앤틱 마켓을 추천한다. 이곳에 오는 이들은 대부분 전문적인 셀러들이기 때문에 물건의 상태와 질이 좋은 반면, 가격은 높다.

자동차도 마찬가지다. 언젠가 구매하게 된다면 중고차를 먼저 염두에 둘 것이다. 신차를 살 때 내야 하는 높은 세금이 큰 이유기도 하지만, 차 한 대를 생산하는 데 드는 엄청난 양의 환경 오염을 생각하면 중고차로도 얼마든지 그 쓰임새를 다 할 거라고 믿기 때문이다. 비교적 중고차를 사는 이들이 많고 동시에 좋은 가격에 구매할 수 있는 환경이다.

새 옷 가격이 높은 덴마크에 이런 가게들이 있어 참 다행이라는 생각이 든다. 종종 옷을 구경하다 보면 태그도 떼지 않은 상품을 발견하거나 거의 새 옷과도 같은 상품을 십분의 일 가격에 판매하기도 한다. 일반 중고 가게는 옷이 계절 없이 섞여 있다면 일부 빈티지 샵은 스타일별로, 품목별로 질서 정연하게 정리되어 있다.

내가 자주 찾는 '에피소드Episode'나 '후마나Humana'의 경우, 가격대는 높지만, 좋은 질의 빈티지 옷을 선별해 두어 자주 찾게 된다. 화려한 프린팅의 원피스부터 유행을 타지 않고 입을 수 있는 가죽 재킷과 트렌치코트 그리고 오래되어 손때가 탄 가죽 가방까지 다양하게 찾아볼 수 있다.

이 외에도 하이엔드 브랜드 제품들을 모아 판매하는 '리셀러Reseller'에서는 본인이 판매하고 싶은 옷을 가져가면 품목을 정해 일정 금액의 수수료만 내고 가게에서 대신 판매하는 형식으로 운영된다.

하지만 그중에서도 내가 가장 손꼽아 기다리는 플리마켓은 봄에서 가을 주말까지 열리는 야외 마켓이다. 웹사이트를 통해 사전에 여는 날짜를 공지하기 때문에 평소 가고 싶었던 마켓들은 미리 캘린더에 적어 두어 놓치지 않고 방문하곤 한다.

상대적으로 규모가 큰 '베라스 마켓Veras Loppemarked'과 '린다 마켓LindaLoppemarked'은 개인 셀러들이 나와 거리 혹은 공원에서 판매하기에 다양한 스타일의 옷과 제품이 판매되고 잘만 이야기하면 좋은 가격에 흥정을 할 수도 있다.

베스터브로 구역의 프랑스 거리인 반뎀스바이Værnedamsvej에서도 일 년에 한 번 9월경에 '튈링스갤 마켓Tullinsgade-marked'이 열린다. 물건을 구경하는 재미와 더불어 지역상인들이 준비한 음식과 와인을 맛볼 수 있는 좋은 기회다. 좁은 거리에서 진행되기 때문에 사람이 덜한 이른 시간 혹은 늦은 시간에 방문해 여유롭게 즐기면 좋다.

지금도 시간이 날 때면 둘이 산책 겸 집에서 가까운 세

컨핸드 가게에 종종 구경을 가곤 한다. 한쪽에는 노숙자들을 위해 기부 목적으로 모아둔 가구와 생필품이 있고 다른 한쪽엔 널지막하게 가구부터 그릇, 옷가지들이 잘 정돈되어 있다. 이렇게 남편과 함께 가는 날이면, 마치 어릴 적 보물찾기를 어른이 되어 친한 친구의 손을 잡고 하러 다니는 기분이 든다. 물건 하나하나가 충분히 쓰임 받고 사랑받을 수 있도록 잘 들이고 잘 보내주는 법을 배워 간다.

늘 구매자로서 플리마켓에 참여했지만, 언젠가 셀러로서 마켓에 참여해 더 이상 사용하지 않는 것들에 새로운 숨을 불어넣는 일에 동참하려 한다.

+++ 에피소드 **Episode**
Larsbjørnsstræde 8, 1454 København K, Denmark

후마나 **Humana Second-Hand**
Möllevångsgatan 29B, 214 20 Malmö, Sweden

리셀러 **Reseller**
Pilestræde 46, 1112 København, Denmark

베라스 마켓 **Veras Market**
Bispeengen 20, 2000 Frederiksberg, Denmark

코끝에 스며든
내추럴 와인

———

　살짝 차갑게 칠링된 와인 한 잔과 시간이 나면 읽으려 미뤘던 책을 앞에 두고 자리에 앉는다. 맑고 투명한 루비색의 와인! 잔의 가늘고 긴 목부분을 손으로 잡고 빙빙 돌려가며 향을 맡고 음미해 본다. 내추럴 와인 특유의 미묘한 쿰쿰함에 이어지는 향긋한 꽃잎의 향. 와인으로 혀끝을 조금씩 적셔가며 책을 한 장 두 장 넘긴다. 하루가 저물어가는 이 시간, 와인과 좋은 책 한 구절은 이 밤에 잔향을 더해준다.

　처음 내추럴 와인을 접했던 순간을 되돌아보면, 익숙한 듯 다른 이 오묘한 맛 때문에 입에서 천천히 굴려 가며 음미했던 기억이 난다. 덴마크에 내추럴 와인의 바람이 불기 시작한 건 2000년대 초반으로 많은 음식 분야의 발전과 마찬

가지로 내추럴 와인의 보급 역시 레스토랑 노마의 역사로 거슬러 올라간다.

당시 노마의 수석 소믈리에였던 폰투스는 발효에 집중한 노마의 요리와 잘 어울리는 와인을 찾아 나섰고, 내추럴 와인의 독특한 맛과 향이 노마의 요리와 잘 어우러진다는 사실을 발견했다. 뉴 노르딕 요리 운동을 이끈 셰프들이 집중한 노마에서 북유럽산 제철 요리에 함께 내추럴 와인을 페어링하기 시작하며 자리를 견고히 하게 되었다.

코펜하겐에 처음 내추럴 와인이 수입되기 시작한 건 90년대 중반이지만, 노마의 페어링이 영향을 미치게 되면서 시내 곳곳에 본격적으로 내추럴 와인바와 보틀숍이 생겨나기 시작했다. 뉴 노르딕 다이닝의 주목과 더불어 덴마크에 발효 바람이 불면서 내추럴 와인의 소비는 급속도로 늘어났다.

뇌어브로에 있는 어시스텐스 키에케고Assistens Kirkegård의 빽빽한 나무 그늘 아래 자리 잡은 '폼페트Pompette'는 코펜하겐에 다양한 내추럴 와인을 소개하는 곳 중 하나다. 프랑스어로 '취했다'는 의미를 가진 폼페트는 올바른 철학을 가진 내추럴 와인 메이커들을 찾아 나서며 그들을 대신해 와인을 소개해 소비자와 연결해 주는 역할을 하고 있다.

아담한 와인바 내부에 위치한 와인 저장고에는 세심하게 선별해 둔 와인들이 진열되어 있어 직접 보고 원하는 보틀을 고를 수 있다. 진열장에 준비되는 와인은 마시기에 가장 좋은 상태가 된 것들로 채워진다. 와인을 급하게 선보이기보다는 아직 준비되지 않았다고 느껴지는 와인은 잘 보관해 두었다가 맛이 꽃을 피울 때 판매하기 시작한다.

폼페트 내에서 와인을 마시지 않고 보틀을 가져갈 경우 매장에서 마시는 가격보다 저렴하게 구매할 수 있어 근처 공원에 내추럴 와인을 한 병 사 가는 경우가 많고, 여름이면 와인바 앞 테라스에 사람들이 옹기종기 모여 있는 것을 볼 수 있다. 매장에서는 와인의 맛을 더해줄 가벼운 요리가 준비되는데, 잘 구워진 사워도우에 휘핑한 버터를 올려내거나 향긋한 올리브 오일에 절인 정어리를 내어 오기도 한다.

포도 재배 과정에서부터 와인 제조까지 자연스러운 방식으로 이루어지는 내추럴 와인은 포도를 기르는 과정에서 살충제나 제초제 없이 키우고 모든 포도는 사람이 손으로 수확하는 방식을 택한다. 와인 발효 과정에서도 와인의 산화를 막는 설페이트를 최소한으로 넣거나 아예 넣지 않으며, 인공 배양한 효모를 사용하지 않는 대신 포도 껍질에 붙어있는 야생 효모를 사용한다.

이 과정에서 내추럴 와인만의 독특한 향미가 만들어진다. 내추럴 와인병의 밑을 보면 침전물이 가라앉아있는 것을 종종 볼 수 있다. 이는 와인을 만든 이후에 가라앉는 침전물을 화학적으로 걸러내어 제거하지 않기 때문이다.

전통 와인에서 결함이라고 보는 많은 부분들이 내추럴 와인에서는 당연하게 받아들여지거나 되려 고유한 특징으로 변화한다. 이렇게 자연에서 만들어진 와인은 포도 품종의 특징을 고스란히 담아내어 기존의 와인에서 찾아보기 어려운 맛과 향미를 자아낸다.

아직까지 명확하게 내추럴 와인을 규정짓는 일이란 쉽지 않다. 단순히 자연적인 방법으로 만들기 때문에 더 나은 것이라고 함부로 단정지을 수도 없다. 산화를 막아주는 설페이트를 넣지 않은 내추럴 와인은 산소에 취약해 변질될 가능성이 크고, 자칫하면 와인의 맛이 과도하게 시어져 식초처럼 되어버리거나 반대로 달걀 썩은 냄새 같은 불쾌한 환원취를 내기도 한다.

유통 과정에 변수가 많아 와이너리에서 소비자에게 전달되기까지 품질이 일관되지 않을 가능성이 있고, 심지어는 '내추럴 와인의 맛은 늘 변화한다'는 말로 품질을 가리거나 포장하여 상한 와인을 판매하는 경우도 있다.

그럼에도 불구하고 내추럴 와인은 독특한 맛과 향 그리고 격식 없이 편안하게 마실 수 있는 와인 문화를 형성하며 코펜하겐의 골목 구석구석을 채워나가고 있다. 기존에 와인을 마시는 자리에서 요구되던 테루아나 빈티지를 논하는 부담감 없이, 와인에 대한 지식보다는 자신의 취향에 맞게 와인을 선택할 수 있는 분위기를 이끌어갔고 캐주얼한 와인 문화를 형성했다.

일상에서도 격식 없는 옷차림과 태도를 선호하는 덴마크인들에게 정장을 빼입은 꼿꼿한 와인보다 어딘가 알 수 없이 통통 튀는 어린아이 같은 내추럴 와인은 사람들을 천천히 매료시키기에 충분했다.

새로운 와인에 대한 관심과 덴마크의 전통 발효 음식을 재발견해 나가는 과정에서 찾아낸 절묘한 궁합이 잘 맞아떨어져 평평한 지형에 포도밭을 찾아보기 어려운 덴마크가 내추럴 와인의 중심지로 떠오르게 된 것이다.

내추럴 와인을 떠올리면 개성 있는 레이블을 빼놓을 수 없는데, 기존의 와인에 비해 레이블에 대한 규정이 자유로워 멋진 필기체로 세세한 정보가 적힌 보틀보다는 개성 있는 로고나 그림으로 와인을 표현하는 경우가 많다.

그 때문에 내추럴 와인을 구매할 때 종종 와인의 이름을 기억하기보다 레이블의 특징이나 드로잉을 떠올려 구매하는 일도 잦다.

편안하고 친근한 내추럴 와인을 알아가며, 와인을 마시는 순간의 기분을 온전히 느끼는 법을 배운다. 복잡한 설명 대신 좋아하는 맛을 단순하게 그리고, 기호에 맞는 와인을 찾아가는 뜻밖의 즐거움을 얻는다.

와인잔을 살살 돌려가며 향으로 코를 깨우고 혀에 닿는 잘 익은 포도 한 송이를 천천히 입에 머금어 본다. 가끔은 묵직하고 진한 겨울 스튜 같은 와인으로, 어떤 날엔 평양냉면 국물처럼 슴슴한 감칠맛이 나는 와인으로.

+++ 노마 Noma
Refshalevej 96, Copenhagen 1432 Denmark

폼페트 Pompette
Møllegade 3, 2200 København, Denmark

아침을 여는 모언멜,
라이브레드

———

밤새 온 비는 하늘을 깨끗하게 씻어두고는 자취를 감췄다. 창문을 활짝 열고 밝아오는 시간을 맞이하며 준비하는 아침 식사. 선선하고 상쾌한 기분에 미소가 번진다.

평일이면 아침 식사를 거의 하지 않던 우리는 처음엔 아침 식사를 건너뛴 채 하루를 시작했다. 파리에서의 식습관이 남아서인지 비스킷 한 조각, 과일 하나로 대신할 때가 많았지만, 낮 시간이 되면 금세 피곤해지는 몸을 느끼고 난 뒤로는 소량이라도 아침을 먹으려고 노력한다.

대부분의 아침은 '스키어Skyr'나 버터 바른 빵 한 조각으로 시작된다. 스키어는 탈지유를 발효해서 만드는 요거트에 가까운 아이슬란드 전통 치즈로 만드는 과정에서 유청을 대부분 제거해 요거트보다 걸쭉하고 밀도 있는 식감을 지닌다. 무엇보다 지방이 적고 단백질이 많아 아침으로 대체하기 좋다. 스키어에 오트밀, 견과류, 치아시드 등을 넣어 만든 그래놀라를 곁들이면 든든하고 건강한 아침 식사가 완성된다.

조금 더 포만감 있는 아침 식사를 하는 날에는 '하우어그로Havregrød'를 만든다. 어느 계절에나 먹을 수 있지만 개인적으로는 따뜻하게 먹는 걸 좋아해 날이 추워지면 자주 찾게 된다. 통 오트밀에 귀리 우유를 넉넉히 넣고 끓이다 원하는 농도가 되면 불을 끄고 접시에 담아낸다. 계피 설탕을 넣거나 제철 과일로 만든 콩포트를 곁들이기도 하고 견과류를 잘게 부숴 건과일과 함께 올려 먹는다.

조금 단 음식이 생각나는 아침엔 따뜻한 빵 위에 '폴레쇼콜라드Pålægschokolade' 한 조각으로 대신하기도 한다. 폴레쇼콜라드는 초콜릿 스프레드 대신 올리는 덴마크식 초콜릿으로 카카오 함량이 높은 다크초콜릿부터 우유 함량이 높은 밀크초콜릿까지 원하는 대로 선택할 수 있다.

하루를 일찍 시작하는 덴마크인들에게 가벼우면서도 적당히 포만감 있는 아침 식사는 하루를 여는 중요한 의식이다. 아침 식사는 덴마크어로는 '모언멜Morgenmad'.

대개 간단하면서도 속을 채울 수 있는 음식으로 얇게 자른 덴마크식 라이브레드 '홀 브롤Rugbrød'에 버터나 '스뫼어바Smørbar'를 바르고 치즈를 슬라이스해 올려 먹기도, 좋아하는 제철 과일잼을 곁들여 먹기도 한다.

덴마크에선 버터와 오일을 적당한 비율로 섞어 빵에 바르기 쉽게 만든 스프레드 형식의 버터, 스뫼어바를 자주 먹는데 보관이 쉽고 적당히 가미가 되어있어 인기가 좋다.

비건을 위한 쉐어버터와 코코넛 오일, 아몬드 버터로 만든 식물성 스뫼어바도 쉽게 찾아볼 수 있다. 얇게 자른 라이브레드 한 조각에 따뜻하게 내려둔 커피나 허브차를 곁들이면 완벽한 덴마크식 아침 식사가 완성된다.

덴마크의 홀 브롤은 아침 식사로도 자주 먹지만, 덴마크의 전통 음식인 '스뫼어브로Smørrebrød'를 만드는 재료이자, 어릴 때부터 주식으로 먹고 자라는 소울 푸드다. 적은 양의 밀가루에 통곡물과 견과류가 듬뿍 들어 있어 섬유질이 풍부하고 아이들의 도시락을 보면 늘 라이브레드에 얇은 슬라이스 햄 혹은 파테, 오이, 방울토마토와 야채 스틱 몇 조각으로 간단하게 채워져 있다.

어릴 적 도시락부터 회사 점심 메뉴에 오르기까지. 스뫼어브로는 이들의 삶에 늘 함께한다. 버터를 바른 홀 브롤에 파테를 올리거나, 훈제 연어나 청어 필레, 정어리와 레몬을 곁들여 먹는 게 가장 일반적이지만, 종종 향신료 소스에 튀긴 청어와 토핑으로는 얇게 저민 샬럿과 감자, 래디시를 올리기도 한다.

북유럽 전역에서 찾아볼 수 있는 거친 곡물빵인 라이브레드는 북유럽의 주식으로서 나라 별로 고유한 형태로 존재한다. 나라 별로 각각 맛과 향이 다르고 만드는 방식 또한 굉장히 다르다. 덴마크식 라이브레드, 홀 브롤은 호밀이 가득 들어있고 라이시드와 견과류를 넣어 식감은 거칠지만 고소함과 씹는 맛이 좋다.

홀 브롤을 덴마크인들이 먹기 시작한 건 천 년이 넘었고, 지금의 형태를 띄게된 건 300년 남짓 되었다. 바이킹들이 이동할 때 흔히 먹던 납작한 호밀빵인 '레베leve'가 쉽게 건조해지고 굳는 것을 감안해 오랫동안 보관할 수 있게끔 사워도우를 넣어 촉촉하게 만들었던 것이 기원이 되어 현재까지 이어졌다.

라이브레드는 북유럽 요리에 필수 요소이며, 대개 타지에 거주하는 덴마크인들이 가장 그리워하는 소울푸드이자, 나에겐 덴마크가 저절로 떠오르는 음식이기도 하다. 어두운 갈색빛에 묵직한 맛, 약간의 시큼한 맛을 가지고 있어 처음 접한다면 특유의 산미와 식감으로 인해 호불호가 나뉠 수 있다. 만드는 방법이 어렵지 않고 나는 이 빵의 식감과 향을 좋아해 종종 집에서 굽곤 한다.

베이커리나 마트에서도 쉽게 구할 수 있지만, 따뜻하고 고소한 빵이 먹고 싶은 날엔 전날 오후 느지막이 반죽을 준비해 다음 날 아침에 구워낸다. 방법은 어렵지 않지만, 천천히 호밀 사워도우를 발효시키고 반죽에 섞어가며 잘 부풀 수 있도록 기다리는 과정까지 오랜 시간이 걸린다.

덴마크인들의 삶에 늘 함께하는 이 빵은 느리지만 정직하게 살아가는 그들과 참 닮아있다는 생각이 든다.

라이브레드
Rugbrød

재료	
· 실온의 물 100ml	· 라이시드 100g
· 호밀 사워도우 200g	· 시드 믹스(해바라기 씨, 아 마 씨) 100g
· 소금 10g	
· 몰트 시럽 20g	· 차가운 물 250ml
· 호밀가루 200g	

HOW TO

1. 커다란 보울에 사워도우, 소금, 호밀가루, 물을 넣고 손으로 5분 정도 충분히 섞어준다.
2. 라이시드와 시드 믹스, 차가운 물을 넣고 고루 섞어 준다.
3. 틀에 버터를 잘 바르고 반죽을 2/3 정도 넣어 채워 준다.
4. 6시간 정도 반죽이 충분히 부풀 때까지 기다린다.
5. 오븐을 240도로 예열한 뒤 뜨거워진 오븐에 반죽을 넣고 10분간 굽는다.
6. 오븐을 180도로 낮춘 뒤 45~50분 정도 구워준다.
7. 잘 구워진 빵을 한김 식힌 뒤 얇게 슬라이스해 버터 와 치즈를 올리면 완성.

삶의 일부가 된
가구

———

코펜하겐 북쪽으로 1시간 남짓 떨어진 샤를로테룬드 Charlottenlund에 위치한 '핀 율 하우스Finn Juhl house'. 언젠가 다녀 와야지 생각만 하다 드디어 시간을 냈다. 덴마크 전역의 기 차들이 교차하는 코펜하겐 중앙역에 도착해 줄지어 서 있 는 기차 중 링뷔Lyngby 방향 차에 올라탄다. 어중간한 시간 이라 한산한 기차 안, 자리에 앉아 창가를 바라보며 지나가 는 사람들을 구경한다. 심심한 손을 달래려 반쯤 완성된 머 플러를 꺼내 한 땀 한 땀 떠내려가다 머플러의 길이가 한 뼘 남짓 길어졌을 때쯤 기차는 링뷔역에 도착했음을 알렸다.

기차에서 내려 다시 버스를 타고 십 분 정도 굽이굽이 들어가자, 모습을 드러낸 핀 율 하우스. 그 옆으로 '오드룹

고어 박물관Ordrupgaard museum'이 나란히 자리하고 있다. 곳곳에 핀 율이 디자인한 가구들이 놓여 있는 오드룹고어 뮤지엄은 덴마크 컬렉터인 빌헬름 한센Wilhelm Hansen의 저택에서 그의 수집품으로 시작되어 100년이 넘는 시간 동안 자리를 지키고 있다. 건축가 자하 하디드Zaha Hadid의 증축 이후로 지금의 한결 현대적인 모습으로 변모하게 되었다. 예리하게 절단된 기하학 모양의 강철 구조물인 '힘멜헤이븐Himmelhaven'은 정원에서 박물관으로 들어가는 길에 놓여 시시각각 빛을 달리하며 모습을 바꾼다.

숲으로 둘러싸인 핀 율의 집. 하얀 벽돌로 지어진 두 채의 집, 그 둘을 잇는 투명한 유리 복도가 보인다. 집으로 향하는 입구는 푸른빛과 오렌지빛을 적절하게 매치해 경쾌한 기분이 난다. 간결하고 단순한 구조의 외관과는 달리 내부는 마치 화가의 페인팅같이 다양한 색감이 조화롭게 뒤섞여 있었다.

내부와 외부를 연결하는 커다란 큰 창은 하나의 프레임이 되어 주변의 풍경을 그대로 담아냈다. 집에서 정원을 바라보자면, 자연스럽게 집과 자연이 연결된 모양이다. 거실 한쪽에는 빼곡하게 책이 쌓여있고, 그의 대표적인 디자인인 치프테인 체어와 아내 한네의 초상화가 나란히 마주 보고 있다. 겨자색과 청색 같은 눈에 띄는 색상들을 사용하면서도 티크 나무와 가구들이 조화롭게 어우러져 집안에서 과하지 않은 생동감이 전해진다. 때마침 작은 창을 통해 새어 들어온 햇빛은 방안을 따스히 감싸주었다.

살아생전 핀 율이 직접 완성했던 이 집은 30세부터 생을 마감하는 날까지 그의 일터이자 삶의 터전이었다. 주기적으로 내부를 돌보고 관리했으며 자신이 디자인한 가구들로 집을 채워나갔다. 집은 곧 그 자신이자, 그의 디자인 세계라는 걸 느낄 수 있다. 가구, 예술, 공예품이 집을 완성하는 구성 요소라고 여긴 그의 철학대로, 가구뿐 아니라 당대에 영향을 미친 덴마크 예술가의 작품들과 함께 어우러져 삶과 예술의 경계를 허물었다.

핀 율은 당시 당연하다고 여겼던 의자의 등판을 제거하여 건축에 기반한 조형성 높은 가구를 선보였다. 부드러운 곡선으로 마무리되거나 비대칭적인 형태의 의자는 섬세한 세부 작업이 요구되기에 대량 생산이 불가능했고 핀 율은 디자인을 바꾸는 선택보다는 제한된 수량으로 제작하는 방식을 택했다. 가구를 사용하고 버리는 소모품의 개념이 아닌 평생 간직할 예술품의 개념으로 승화시킨 동시에 가구로서의 기능을 충실히 해냈다. 그는 심미적인 부분에만 치우치지 않도록 늘 경계했다. 인간의 몸과 마음에 대한 이해를 기반으로 만들어지는 그의 가구는 곡선과 직선을 자유롭게 넘나들며 형태와 기능을 연결했고 그래서인지 그의 의자는 앉았을 때 늘 편안함을 준다.

덴마크 디자인의 전성기 20세기 중반, 핀 율을 비롯한 아네 야콥슨Arne Jacobsen, 한스 웨그너Hans J. Wegner, 뵈어 모엔슨Børge Mogensen 등 모더니즘 시대를 이끌었던 수많은 디자이너들이 있다.

그들의 영향은 현대까지 이어져 여전히 덴마크인의 집을 채워 나간다. 그들의 집에서 흔히 볼 수 있는 손때 묻은 가구와 사물들. 거실에 놓인 할머니에게 물려받은 캐비넷, 부모님께 물려받은 의자 등 각자의 이야기를 담은 가구들은 그들의 취향을 더욱 고스란히 드러낸다. 좋은 소재는 물론, 시대를 초월한 디자인 가구는 시간이 지날수록 가치를 더해간다.

일상 곳곳에서도 도시 공간과 건물, 공원 등 공공장소에서 덴마크 디자인의 미감을 느낄 수 있다. 프리츠한센의 대표적인 7시리즈 의자가 놓여있는 '왕립도서관Det Kgl. Bibliotek'을 비롯하여 '그룬트빅 교회Gruntvigs kirken', 아르네 야콥슨이 디자인한 '라디슨 호텔Radisson Hotel' 등 시민들이 직접 만지고 사용할 수 있도록 곳곳에 놓여 있다. 누구나 평등하게 아름다운 디자인을 경험할 수 있는 것. 이런 태도가 삶에 녹아져 자연스럽게 품질과 미적 감각을 중요시하고 아름다움을 추구하는 태도를 갖게 하지 않았을까.

덴마크에서는 처음 직장에서 받은 월급으로 의자를 사는 풍습이 있다. 자신에게 좋은 의자를 선물하는 행위는 개인의 독립성과 성인으로서의 첫 시작을 상징한다고 한다. 인생의 새로운 단계를 축하하며 함께 세월을 입어갈 가구를 가진다는 게 어쩐지 근사하게 다가온다.

+++ 핀 율 하우스 Finn Juhl House
      평일 휴무, 주말 운영 11am – 5pm
      Vilvordevej 110, 2920 Charlottenlund, Denmark

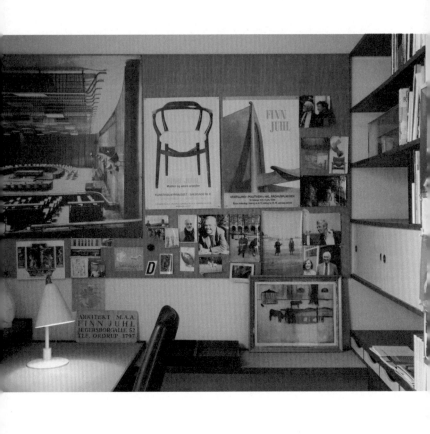

꽃향기를 머금은
노르딕 로스팅

———

한적하던 카페에 들어와 커피를 주문하는 남자.

못내 마음에 차지 않았는지 맛있는 커피를

내리는 법을 알려주겠다며 다가온다.

종이 필터에 갈아둔 원두를 한 스푼, 두 스푼 넣은

그는 지긋이 사치에를 바라본다.

깊게 만든 커피 산 가운데를 손가락으로 눌러

구멍을 만들고 나지막히 읊조리는 주문, '코피루왁'.

마음으로 내린 커피가 맛있다는 그는 이 오묘한 주문을

알려주며 사치에에게 커피를 내리는 순간,

그 순간에 빠져들 수 있는 방법을 넌지시

알려주고는 사라진다.

잔잔한 핀란드의 풍경과 음식을 통해 마음을 나누고 서로를 치유해 나가는 영화 <카모메 식당>. 언젠가 영화 속 이 장면에서 사치에의 동그래진 눈을 보며 저 커피는 어떤 맛일까 내심 궁금했던 기억이 난다.

　북유럽은 1인당 커피 소비에서 매년 상위권을 차지할 만큼 커피를 많이 마신다. 아침부터 저녁까지 그들의 일상엔 커피가 자연스럽게 녹아있다. 단순히 커피를 마시는 일뿐 아니라 커피를 준비하는 순간, 이를 함께 나누는 모든 순간을 즐기고 음미한다. 이제는 잘 알려진 단어인 스웨덴의 '피카FIKA'. 커피를 곁들이는 휴식 시간을 의미하는 이 단어의 어원도 커피를 지칭하는 '카피Kaffi'의 음절이 도치된 데에서 유래된다.

　바쁘게 돌아가는 일상을 잠시 멈추어 커피 한 잔을 앞에 두고 가족, 친구들과 함께 편안한 시간을 나누는 일, 번잡한 마음을 내려놓고 한숨 고르는 일상의 작은 습관이 그들의 몸에 배어있다.

　전통적으로 핀란드와 노르웨이는 라이트 로스팅한 연하고 부드러운 커피를 즐겨온 반면 남부 스웨덴과 덴마크는 미디엄-다크 로스팅의 묵직한 커피를 즐겨왔다. 덴마크에서는 진하게 로스팅한 커피 원두를 갈아 프렌치 프레스에 내린 뒤 진한 커피에 우유 혹은 오트 밀크를 곁들이는 것이 가장 흔한 방식이다.

반면 최근 들어 주목받기 시작한 코펜하겐의 신생 로스터리들은 대부분 연하고 카페인이 적어 차처럼 마실 수 있는 라이트 로스팅이 제공되며, 기존 커피와는 달리 꽃 향과 과일 향이 돋보인다. 덴마크의 카페에서 커피 한 잔을 시키면 기본적으로 필터 커피Filterkaffe가 나오는데, 큰 브루어에 여러 회차의 양을 한 번에 내려둔 커피로 빠르게 서빙하기에 적합해 가장 흔하게 볼 수 있다. 한국 카페의 가장 기본적인 메뉴인 아메리카노를 대신해 필터 커피를, 카페 라테를 대신해 코르타도를 마신다.

노르딕 로스팅이 유행하면서 매년 커피 로스터리를 방문하기 위해 코펜하겐을 찾는 이가 늘고 있다. 그중 가장 잘 알려진 '커피 콜렉티브Coffee Collective'는 덴마크에서 가장 먼저 스페셜티 커피를 소개한 곳이자, 커피 애호가들의 발길이 끊이지 않는 곳이다. 쓴맛보다는 달콤하고 밝은 맛을 강조하는 라이트 로스팅에 가까운 북유럽식 로스팅은 다크 로스팅 방식과는 달리 커피의 품질이 고스란히 드러나기 때문에 고품질의 생두 커피를 사용하고 가볍고 밝은 산미를 좋아하는 이들에게 사랑받고 있다.

도심 북쪽 뇌어브로의 예어스보갤Jægersborggade에 처음으로 문을 연 커피 콜렉티브는 현재 '콜렉티브 베이커리'를 포함해 아홉 곳까지 확장해 사람들을 맞이하고 있다. 커피를 판매하는 일로 시작했던 커피 콜렉티브는 지금은 커피 수업을 통해 누구나 쉽게 커피를 배울 수 있는 기회를 열고, 커핑에 참여함으로써 많은 이들이 스페셜 커피 문화에 관심을 가지게 하고 덴마크의 커피 문화를 알리기 위해 꾸준히 힘쓰고 있다.

이 외에도 '프롤로그Prolog Coffee Bar', '에이프릴 커피April Coffee', '라 카브라La Cabra' 등 코펜하겐을 대표하는 노르딕 로스팅 커피 브랜드들이 있고 시내에 있는 크고 작은 카페에서 질 좋은 커피를 쉽게 만나볼 수 있다.

이 중 가장 애정하는 에이프릴 커피는 시내를 가로지르는 소더담Søterdam 호수의 끝자락에 자리해 있다. 품질을 최우선 가치로 여기는 패트릭 롤프Patrik Rolf의 커피 철학을 고스란히 담아낸 공간으로 최근에는 한국에 매장을 새로 오픈해 이제는 노르딕 커피를 한결 더 친숙하게 만나볼 수 있다. 에이프릴이 담아내는 이야기는 단순하다. 품질에 결코 타협하지 않고, 함께 일하는 방식을 통해 성장하는 것.

주기적으로 농장에 방문해 생산자들과 교류함으로써

좋은 품질의 원두를 공급받고 직접 로스팅해 철저하게 원두를 관리한다. 에이프릴의 커피는 원두의 품종과 자체의 고유한 맛을 잘 살려내어 맛과 향이 풍부하게 느껴진다.

이곳의 직원들은 매년 열리는 커피 대회에 주기적으로 참가하여 자신의 실력을 다잡고 에이프릴의 커피가 꾸준히 개선되고 발전해 갈 수 있게 노력을 더 한다. 에이프릴의 커피는 다른 브랜드에 비해 가격대가 높은 편이지만, 그 안엔 그들이 소중히 하는 가치가 녹아있다. 파트너십을 맺은 농부들에게 무리하게 가격을 요구하지 않고 그들에게 이익이 돌아갈 수 있게 환원하는 지속 가능한 방식을 선택하는 것. 모두가 발전하고 커피 문화를 넓혀 확장하는 일이다.

조용한 외스터브로Østerbro 거리, 뤼스갤Ryesgade 에이프릴 쇼룸에 들어서면 덴마크 디자이너 핀 율 컬렉션으로 채워진 공간이 눈에 들어온다. 단정한 내부엔 음악 없이 조용한 소음만이 흐르고 공간에 머물다 가는 손님의 시간들로 채워진다. 준비하는 이도 기다리는 손님도 서두름이 없는 이곳에선 메뉴판 대신 바리스타가 직접 메뉴를 설명해 주며 자신에게 맞는 커피를 선택한다.

핸드드립 커피를 한 잔 주문하자, 바리스타는 원두의 원산지와 향에 대해 세밀하게 설명하며 여유 있는 몸짓으로 커피를 내려준다. 커피 필터를 향해 곡선으로 떨어지는 물방울은 풍성한 아로마를 품으며 떨어지기 시작한다. 폭신하게 부푼 커피 가루는 거품을 내뿜다 이내 방울방울 맺힌 채 찰랑거리며 유리 포트를 채워나간다.

커피를 기다리는 동안 푹신한 의자에 앉아 테이블 위 핀율의 서적과 그림들을 뒤적여 본다. 부드럽게 가공된 나무 테이블엔 베르너 팬톤의 램프가 놓여 있고, 낮은 조도로 공간을 채우고 있었다.

곧이어 커피가 준비되고, 향을 풍부하게 맡을 수 있도록 커피잔 뚜껑을 조심스럽게 내려놓는다. 꽃향기와 자두의 달콤한 향을 느낄 수 있는 코스타리카의 워시드 빈으로 내려준 핸드 브루 커피. 두 손으로 전해져 오는 따뜻한 기운을 느끼며 한 모금 입에 가져가자 부드러운 산미가 입에 감돈다.

섬세하게 준비된 공간과 공간을 돌보는 이들의 태도는 천천히 음미하며 커피를 마시는 일련의 과정을 한결 더 신중히 대하도록 만든다. 가져온 책을 꺼내 한 장 두 장 넘기며 시간을 보내다, 향긋한 커피의 향이 사라지기 전 자리를 나선다. 선물 같은 시간을 한 봉지에 담아 들고.

+++ 커피 콜렉티브 예어스보갤 **Coffee Collective Jægersborggade**
Jægersborggade 57, 2200 København, Denmark

프롤로그 **Prolog Coffee Bar**
Høkerboderne 16, 1712 København, Denmark

에이프릴 커피 **April**
Ryesgade 86A, 2100 København, Denmark

라 카브라 **La Cabra**
Møntergade 3A, 1116 København K, Denmark

재즈를 사랑하는
이들에게

———

학창 시절 내 방구석에는 검은색 턴테이블이 하나 있었다. 젊은 시절 부모님이 사용하시던 플레이어가 한동안 창고 자리를 차지하며 먼지만 쌓이고 있었는데, 마침내 내 방에 들어온 것이다. 묵직한 구식 스피커 두 개를 붙여 그 위에 턴테이블을 올려놓고는 어떻게 사용해야 할지 난감해하던 찰나, 방으로 들어오신 아버지가 복잡한 선들을 능숙하게 연결해 주었다. 오랫동안 사용하지 않아 낡아진 레코드 바늘 팁부터 바꿔야 한다는 말에 난생처음 나는 레코드 상점에 갔다.

선반이 빽빽하게 채워진 가게엔 손때 묻은 음반이 가득했다. 어떤 음악이든 다 찾을 수 있을 것만 같은 이곳이 어쩐지 멋졌다. 가게 앞에는 오천 원에서 만원 사이라는 표시와 함께 클래식부터 재즈, 팝까지 뒤죽박죽 장르가 섞인 음반이 놓여 있었고, 그중 표지가 근사해 보이는 재즈 음반 한 장과 새 바늘 팁을 들고 집에 돌아오며 뿌듯했던 기억이 난다.

CD와 테이프가 익숙하던 나에게 LP로 음악을 듣는다는 건 무언가 특별한 기분을 안겨주었다. 십 분에 한 번씩 판을 뒤집어줘야 하는 수고로움이 있었지만, 그 지직거리는 소리를 듣기 위한 나의 노력은 계속되었다.

그날을 계기로 기회가 되면 하나둘 레코드를 사 모으기 시작했다. 밤이면 어두운 방 안에 작은 조명 하나만 켜둔 채 에디 히긴스Eddie Higgins와 레이 찰스Ray Charles의 노래를 반복해서 들었다. 이제는 더 이상 그 플레이어와 함께할 수 없지만, 지금 우리 집엔 또 다른 구식 빈티지 플레이어가 들어섰다. 부드러운 원목으로 된 바디를 가진 아름다운 디자인에 50년이 흐른 지금도 여전히 좋은 소리를 들려준다는 사실이 고맙게 느껴진다.

예전의 것과 비슷한 디자인의 검은 턴테이블은 몇 번의 이사로 인해 속도를 못 맞추고 불안정한 소리를 내곤 하지만 왠지 모르게 그 소리가 그때 그 시간의 나에게 데려다주는 것 같아 정이 간다. 처음 그의 집으로 이사할 때는 대부분 그가 좋아하는 뮤지션의 음반으로 가득했지만, 지금은 우리가 함께 산 것들로 진열장이 채워져 있다.

함께 음악을 들으며 이전에는 거의 듣지 않았던 새로운 장르에 눈을 뜨기도 하고 일상과 여행의 순간을 음악으로 기억해 내기도 한다. 첫 만남에 들려준 앨범을 들으면, 설레고 행복했던 시간들이 그려지고 이탈리아 여행을 갔을 때 식당에서 흘러나오던 곡이 좋아 구매한 앨범은 그날의 선선했던 밤바람을 떠올리게 했다.

평소 음악에 관심이 많고 아는 것이 많은 그는 함께 음악을 듣다 늘 이 음악이 어떤 이야기를 지니고 있는지에 대해 조목조목 읊어주곤 한다. 신기할 정도로 곡 이름과 뮤지션 이름을 기억해 내지 못하는 나와 달리 그의 머릿속은 마치 정리된 음악 사전 같다.

그런 그가 어느 날 좋아하는 재즈바가 있다며 나를 이끌었다. 저녁 여덟 시 무렵, 우리는 시내에 있는 '라퐁텐La fontaine'에 도착해 이미 줄을 서 있는 사람들 끝에 서서 순서를 기다렸다. 얼마 지나지 않아 문이 열리고 사람들을 뒤따라 비밀스러운 공간에 들어섰다.

어둑한 공간에 낮은 조명이 있는 실내는 오래된 테이블과 가구가 잘 정돈되어 있었다. 손님들이 아직 듬성듬성 앉아 있어 우리는 테이블 자리에 앉을 수 있었다. 곧이어 하나둘 자리를 채웠고, 공연이 시작될 즈음엔 사람들로 가득 찼다. 1968년부터 지금까지 이 공간에서 매일 같이 공연이 열리고 수많은 재즈 뮤지션들이 오갔다고 생각하니 왠지 황홀한 기분이 들었다.

드디어 밴드의 소개를 하고 조용한 가운데 경쾌한 피아노 선율이 흐른다. 이어지는 색소폰과 기타 선율이 더해진 하모니, 서로를 바라보며 음을 맞추고 악기의 서로 다른 소리와 자유로운 선율이 조화를 이루며 공간을 채운다.

테이블 뒤편에 마련된 작은 흡연실에선 담배 연기가 새어 나오고 그 주변으로 뒤늦게 온 사람들이 문가에 몸을 기대어 공연에 젖어 든다. 마치 시간이 멈춘 듯한 이곳은 한 손에는 와인잔을 다른 한 손에는 담배를 꽂은 채 재즈를 듣던 1960년대의 풍경을 상상하게 한다.

이곳에 자주 방문한다는 테이블 맞은편 중년 부부는 공연 내내 음악 선율에 몸을 맡긴다. 공중에 피어오른 소리는 사람들의 시간을 잊게 했고 어느덧 자정이 넘어서야 관객들의 즉흥적인 춤사위로 공연은 막을 내린다. 집으로 돌아가는 길, 귀에 울리는 빠른 리듬의 음악과 미처 가시지 않은 여운은 나의 마음을 간지럽힌다.

코펜하겐과 재즈 이야기가 조금 의외라 느낄 수 있지만, 사실 코펜하겐은 유럽에서 파리에 이어 유명한 재즈 도시다. 전성기엔 미국과 각지에서 들어온 많은 재즈 뮤지션들이 이곳에 둥지를 틀었고 스탄 게츠Stan Getz, 덱스터 고든Dexter Gordon 같은 재즈 거장들이 활발하게 활동하던 주무대이기도 했다.

그래서인지 오랫동안 남아있는 재즈바에 방문할 때면 마치 그들과 같이 호흡하며 그 자리에 앉아 있는 듯한 기분에 마음이 설렌다. 다양한 규모와 장르의 재즈바들이 도시 곳곳에 있지만 그중 유명한 곳은 재즈 하우스 몽마르트Jazzhus Monmarte.

1960년대 초반에 처음 문을 열어 쳇 베이커Chet Baker, 벤 웹스터Ben Webster 등 수많은 뮤지션들이 이곳을 거쳐 갔고 '스티플체이스'라는 재즈 레이블을 통해 몽마르트에서의 연주 실황을 녹음해 수많은 앨범을 발매했다. 한때 경영난으로 문을 닫아야 했지만 2000년대에 들어 덴마크의 유명한 재즈 피아니스트인 닐스 란 도키Niels Lan Doky를 중심으로 재개장하며 다시금 음악을 선사하는 공간이 되었다.

이곳엔 아날로그 음악 애호가들을 중심으로 한 탄탄한 레코드 시장이 형성되어 있다. 새로 발매되었거나 희귀한 음반의 경우 고가에 판매되지만 약간의 손때묻음을 감수한다면 좋은 가격에 다채로운 음반을 찾아볼 수 있다.

잉하우 플라스Enghave plads 광장에서는 매년 여름이면 재즈 페스티벌이 곳곳에서 열리는데, 이 시기가 되면 일찍이 음악을 감상하기 위해 자리 잡은 사람들로 광장과 잔디밭을 메운다. 음악에 빠져들어 모르는 이들과 자리를 나누다 보면 어느새 음악의 흐름에 몸을 맡겨 하나가 되어가는 것을 느낀다. 일 년에 두 차례에 걸쳐 열리는 코펜하겐 재즈 페스티벌은 여름엔 '코펜하겐 재즈 페스티벌Copenhagen Jazz festival', 겨울엔 '빈터 재즈Vinter Jazz'라는 이름으로 진행된다.

베스터브로에 있는 '비트 카페Beat cafe'는 잉하우 플라스 광장에 활기를 더하며 오가는 이들을 맞이한다. 대부분 새 앨범만 판매하고 락, 재즈, 힙합까지 장르 구별 없이 선별된 좋은 음악을 구비하고 있다. 레코드 숍과 연결된 카페엔 마실 거리와 더불어 페이스트리류, 간단한 요리까지 준비되어 있어 편하게 들러 식사하기에도 좋고 페스티벌 기간에는 종종 작은 콘서트가 열리는 장소가 된다.

재즈 페스티벌은 덴마크 전역에서 이루어지지만 대부분 코펜하겐 시내의 재즈바와 공연을 할 수 있는 펍 그리고 야외 무대에서 진행된다. 여름엔 공원이나 광장에서 열리는 무료 공연을 누리며 가볍게 시간을 보내면 좋고 겨울엔 어둡고 아늑한 재즈바에서 와인을 마시며 특별한 순간을 즐기는 것이 좋다.

재즈 페스티벌 기간에는 도시 곳곳을 걷다 길거리에서 흘러나오는 음악 소리에 귀가 풍성한 감각으로 가득해진다. 재즈 페스티벌이 열리던 어느 여름 날, 바다에서 수영을 마치고 시내로 돌아와 미처 다 마르지 않은 머리로 야외에서 열리는 공연에 들어가 앉았던, 그 순간의 살랑거리며 스치던 바람과 차가운 맥주의 감촉은 아마 평생 잊지 못할 것 같다.

+++ **Copenhagen Jazz Fetival**
해마다 변동

Vinter Jazz
2. 02 - 2. 26

Sommer Jazz
6. 30 - 7. 09
Sankt Peders Stræde 28C, 2, 1453 København

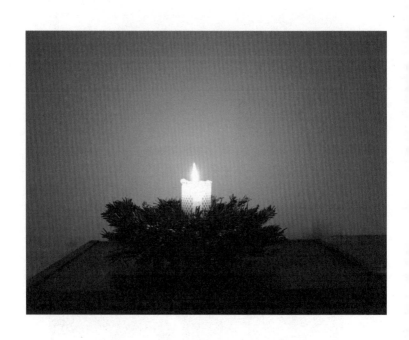

1일에서부터 24일까지 표기되어 있는 캔들을

매일 하루에 한 칸씩 태우며 다가오는 크리스마스를 준비한다.

캔들을 올려놓을 홀더도 직접 만든다.

점토를 이용해 모양을 잡은 뒤 굳기 전에 전나무 가지들과 솔방울,

빨간 열매 혹은 말린 오렌지 등을 올려 말리면 완성이다.

집안 어두운 곳에 놓고 초를 밝혀두고 타들어 가는

초를 바라보는 일만으로도 마음이 편안해지는 기분이다.

특별한 크리스마스의
점심을

———

어느덧 훌쩍 다가온 크리스마스. 거리 곳곳 하나 둘 가로등에 불을 밝히며 십이월을 맞이한다. 각자의 일상에 바쁜 와중에도 덴마크 사람들은 이 기나긴 축제에 진심이다. 시간을 내어 사람들을 초대하고, 가족들과 모여 식사를 하고, 마켓을 찾아다니며 알차게 한 달을 채워 나간다.

우리는 마켓에 방문해 '애블스키어Æbleskiver'를 맛보고 '율르윌Juleøl'을 개시하는 일로 크리스마스를 시작한다. 율르윌 혹은 '율르브뤼그Julebryg'라 부르는 이 맥주는 겨울의 향신료의 달콤한 맛이 특징으로 이 시기에만 잠깐 나오고 사라지는 크리스마스 맥주다. 매년 11월 초 'J-데이'라는 이름으로 공식적인 율르윌 판매가 시작되는데, 덴마크에서 가장 큰 양조장 중 하나인 '투보그Tuborg'에서 처음 이날을 기념하기 시작하면서 작은 전통이 시작되었다. 푸근한 산타가 그려져 있는 귀여운 병에 자두 향, 감초 향, 시트러스 등 달콤하고 산뜻한 향을 가미해 만든 이 맥주는 나에게 겨울을 기억하는 하나의 맛으로 자리 잡았다.

지난해 사둔 크리스마스 소품이 사라져, 올해는 크리스마스 마켓이 열리자마자 다녀왔다. 덴마크에선 진짜 나무를 사서 트리를 장식하는 것이 일반적이기 때문에 곳곳에서 일찍부터 크리스마스 트리를 위한 전나무를 키우는 모습을 볼 수 있다. 한번 사서 오랫동안 보고 싶다면 화분에 심을 수 있고, 한 해 사용 후 보관이 어려울 경우 수거함에 모아두면 필요한 곳에 퇴비나 장작으로 사용된다.

크리스마스 마켓에 놓인 수많은 나무들. 그중 어떤 크기가 좋을까 한참을 보다 어린아이 키보다 조금 더 큰 키의 나무를 가리켰다. 아저씨는 나무를 가져가 망사에 돌돌 말아 가져가기 쉽게 포장해 주셨다.

"God Jul! 고 율!"

"행복한 크리스마스 되세요!" 인사와 함께 우리는 어깨에 나무를 나란히 들고 집으로 돌아왔다. 거실 한 켠에 나무가 쓰러지지 않게 받쳐둘 지지대를 세워두고 크리스마스 트리를 꽂아본다. 알이 작은 전구들이 촘촘히 박힌 조명과 반짝이는 구슬을 올려가며 나무의 빈 곳을 채우고 핀란드에서 선물로 보내주신 작은 나무별을 올리자 어느덧 제법 크리스마스 분위기가 난다.

이 맘쯤 베이커리에서도 바쁘게 크리스마스 쿠키와 케이크를 구워낸다. 생강과 계피를 더한 '브룬케에Brunkager', 아몬드 향이 가득한 마지 팬케이크 '크란세케에Kransekage', 데니쉬 쿠키로 잘 알려진 바닐라 쿠키 '바닐리에크란세Vaniljekranse' 등으로 진열장을 빼곡히 채워간다. 우리는 집에서 직접 쿠키 반죽을 하고 모양을 내는 걸 좋아해 매년 생강을 가득 넣은 알싸한 브룬케야를 굽는다.

덴마크의 크리스마스는 가족 중심적이다. 애인이 있는 경우에도 크리스마스에는 각자의 가족과 보내기도 하고, 결혼한 커플의 경우 모든 가족이 함께 모이기도 한다.

우리집은 양쪽 가족이 모두 멀리 떨어져 있어 매년 크리스마스를 단둘이 보낸다. 크리스마스 케이크 대신, 주로 크리스마스 캔들과 캘린더를 선물로 주고받는다. 덴마크에 와서 처음 접하게 된 크리스마스 캔들은 십이월 한 달을 설렘으로 보내는 또 하나의 이유기도 하다.

1일에서부터 24일까지 표기되어 있는 캔들을 매일 하루에 한 칸씩 태우며 다가오는 크리스마스를 준비한다. 캔들을 올려놓을 홀더도 직접 만든다. 점토를 이용해 모양을 잡은 뒤 굳기 전에 전나무 가지들과 솔방울, 빨간 열매 혹은 말린 오렌지 등을 올려 말리면 완성이다. 집안 어두운 곳에 놓고 초를 밝혀두고 타들어 가는 초를 바라보는 일만으로도 마음이 편안해지는 기분이 든다.

덴마크 크리스마스에 빠질 수 없는 크리스마스 런치 '율 프록오스트Julefrokost'. 십이월의 첫 주가 되면 시작되는 율 프록오스트는 십이월 한 달 중 가장 큰 행사다. 보통 십이월 첫 주에서 둘째 주 사이 주말에 주로 이루어지곤 하는데, 이 시기에 맞춰 덴마크 레스토랑에서는 클래식한 크리스마스 메뉴를 선보인다. 보통 낮부터 저녁까지 천천히 이어지는 방식으로, 런치엔 가벼운 음식으로 시작해 디너에는 조금 묵직한 요리와 디저트로 마무리한다.

우리는 올해도 어김없이 집에서 크리스마스 런치를 준비했다. 테이블을 준비하며 크리스마스 캔들에 불을 켜고 음식과 잘 어울릴만한 오렌지 와인을 꺼내온다. 새콤하게 절인 청어와 훈제 연어, 차가운 딜 크림과 신선하게 구워둔 라이브레드로 가볍게 식사를 연다.

북유럽 식탁에 자주 올라오는 허브인 딜은 부드러운 맛에 여러 가지 요리에 잘 쓰인다. 특히 생선이나 해산물, 감자와 잘 어우러져 꼭 올리곤 한다. 느긋하게 점심 식사를 마치고 난 뒤 우리는 동네 산책에 나섰다. 날이 금세 어둑해지기 때문에 잠깐 이렇게 날이 밝을 때 햇빛을 받으며 걷는 시간이 그렇게 좋을 수 없다. 돌아오는 길엔 '하트 베이커리Hart bageri'에 들러 저녁에 먹을 사워도우를 담아온다.

집으로 돌아와 주방에서 함께 저녁 식사를 준비했다. 오늘의 메인은 오리 콩피와 버섯을 넣은 '브룬 소스Brun sovs'를 곁들인 핀란드식 감자 요리 '이멜레띠 페루날라띠코Imelletty Perunalaatikko'다. 덴마크의 크리스마스에는 보통 캐러멜라이즈한 감자 요리인 '브루넬 카토플러Brunede kartofler'를 만드는데, 쫀득한 덴마크 감자에 달콤한 맛이 더해진 별미다.

우리는 핀란드식 감자 요리로 대신하기로 했다. 이멜레띠 페루날라띠코는 으깬 감자에 밀가루를 넣고 하루 정도 기다렸다 버터 혼합물과 함께 굽는 요리로 한 입 먹을 때마다 고소하고 묵직한 맛이 입안 가득 기분 좋게 퍼진다.

굽는 데 시간이 걸리는 요리라 다 구워질 때까지 기다리는 동안 열어두었던 가메 와인을 한 모금 나눈다. 사이드로는 적양배추를 얇게 썰어 향을 넣은 '홀콜Rødkål'에 작게 사과를 잘라 넣어 준비한다.

　나지막이 크리스마스 캐럴을 켜두고 함께 자리에 앉아 식사를 시작한다. 매일 함께 나누는 저녁 시간이지만, 이렇게 천천히 시간을 들여 모든 과정을 함께하는 날이면 더욱 특별하게 다가온다. 식사가 거의 마무리되어 갈 때쯤 냉장고에 차갑게 식혀둔 리살라망을 그릇에 담고 작은 스푼을 테이블에 올려둔다.

브루넬 카토플러

Brunede kartofler

재료	

· 작은 감자 800g

· 설탕 50g

· 버터 25g

HOW TO	

1. 냄비에 물과 소금을 넣고 감자가 부드러워질 때까지 익힌다.

2. 적당하게 익은 감자를 식힌 뒤 껍질을 벗겨 완전히 식힌다.

3. 팬에 설탕을 뿌리고 중불에서 녹여준다. 녹은 설탕에 버터를 넣고 캐러멜라이즈화한다.

4. 캐러멜이 든 팬에 감자를 붓고 조심스럽게 뒤집는다.

5. 감자에 윤기가 돌고 색이 고루 입혀지도록 팬을 돌려가며 15분 정도 끓여준다.

훌콜

Rødkål

재료	
· 버터 40g	· 아니스 1개
· 붉은 양배추 400g	· 물 100ml
· 사과 식초 4t	· 설탕 15g
· 정향 2g	· 소금 한 꼬집
· 계피스틱 2개	

HOW TO

1. 붉은 양배추를 아주 얇게 썰어둔다.

2. 팬에 버터를 넣고 녹인 뒤 정향, 아니스, 계피를 넣고 향을 입힌다.

3. 썰어 둔 양배추를 넣고, 부드러워질 때까지 5분 정도 볶아준다.

4. 소금, 설탕, 식초와 물을 첨가한 뒤 1시간 가량 끓여 준다.

손으로
만드는 일

———

새벽 다섯 시 밤새 차가워진 거실을 데우며 하루를 연다. 건조한 겨울 날씨에 칼칼해진 목을 달래기 위해 주전자에 마른 도라지 몇 조각과 배를 잘게 잘라 차를 끓여낸다. 새벽부터 보슬보슬 내리기 시작한 눈은 이내 거리에 얇게 쌓이고, 하얗게 덮인 거리에 하나둘 발자욱을 남기며 아침을 맞는다. 한껏 쌓인 눈을 발로 조심스럽게 밟으며 내는 뽀드득한 소리는 언제나 마음을 설레게 한다. 겨울이 상대적으로 온화한 덴마크에서는 좀처럼 눈을 보기 쉽지 않다.

주전자에 찻물을 올리고 찬장을 열어 아침을 함께할 차를 고른다. 가지런히 놓인 찻그릇 중 손이 가는 것 하나를 집어 든다. 얼마 전 도예 수업에서 만들어 온 넓은 형태의

찻잔은 자세히 보면 군데군데 일정하지 않고 어설프지만 그래서 정이 가고 편안하게 느껴진다.

도자기를 만들기 시작한 건 그리 오래되지 않았지만, 좋아하는 작업 중 하나가 되었다. 손으로 하는 일은 무엇이든 흥미를 느끼는 나에게 가장 원초적인 재료인 흙의 형태를 매만져 서서히 모습을 드러내는 도예가 매력적으로 다가왔다. 한 자리에서 오랜 시간 앉아 집중해야 하는 일이고 시작하는 순간부터 마무리까지 기다림을 요하는 작업이지만, 손과 몸으로 익힌 일은 결코 잊히지 않는다는 믿음이 있어 기초부터 탄탄히 배우려 신경을 기울인다.

언젠가 기회가 닿으면 배워보고 싶다는 마음만 가지고 몇 년째 미루던 차에 세라믹 작업을 하는 친구 롱페이Logfei의 권유로 처음 발을 들이게 되었다.

중국에서 태어나, 덴마크에서 유년 시절을 보내며 자란 롱페이의 도자기에는 그의 뿌리인 전통적인 아시아 문화와 덴마크식 모던함이 잘 어우러져 있다. 굴곡이 거친 산의 형태를 지닌 스톤 인센스 홀더, 싱그러운 대나무를 비색의 맑은 색감으로 표현한 밤부 컵, 진한 흙의 질감을 담은 그릇들은 그의 작업 세계를 잘 드러낸다.

독학으로 도예를 공부한 덕에 흙을 다루는 기초 작업부

터 도자기를 만들 때 초보자의 눈으로는 놓치기 쉬운 세세한 부분들을 이해하기 쉽게 가르쳐주어 차근차근 익혀가고 있다. 직접 도자를 만드는 일의 장점은 무엇이든 원하는 모양대로 만들어낼 수 있다는 것. 기존 덴마크식 도자기에선 흔치 않은 작은 크기의 잔과 굽이 달린 굽잔 등을 하나둘씩 만들며 직접 사용하는 재미를 느끼는 중이다.

롱페이와는 몇 년 전 그의 세라믹 스튜디오 '토세이Tosei'에서 진행된 전시회를 계기로 인연을 이어가게 되었다. 서로의 작업 결이 잘 맞아 함께 사람들을 초청해 그가 만든 다구를 이용하여 차회를 진행하기도 하고, 후에도 종종 들러 다양한 생각을 공유하는 친구가 되었다.

준비되는 차와 음식을 그에게 설명하면 늘 알맞은 형태의 도자기를 척척 만들어 준다. 차와 공예는 늘 함께 따르기에 이렇게 좋은 작업가를 만나는 건 큰 행운이다.

작은 돌계단을 따라 작업실에 들어서자 포근하고 묵직한 나무의 향기가 나기 시작한다. 마음이 편안해지는 이 향은 내가 토세이에 도착했음을 알려준다. 자연에서 모티브를 얻은 형태를 중심으로 작업하는 토세이의 세라믹들은 알맞은 텍스처와 색감을 내기 위해 천연 재료를 찾아 공들여 유약을 개발한다.

걸치고 있던 무거운 외투를 내려놓고 편안한 옷으로 작업대에 서서 반죽을 시작한다. 힘의 강약을 조절하며 소면을 반죽하듯이 흙을 치대 공기를 빼주고 작업하기 쉽게 모양을 잡아간다. 점토를 물레에 올리고 손으로 흙의 온도와 질감, 단단함을 느껴가며 내 속도에 맞춰 작업한다.

두 손으로 단단히 잡은 흙을 가슴 높이까지 올리고 내리고를 반복하다 손가락으로 경계선을 그어 원하는 모양을 빚기 시작한다. 힘을 주지 않으면 제자리걸음이 되고 과하게 힘을 주면 되려 망가지기 때문에 욕심내지 않고 천천히 자신의 속도에 맞춰 하는 법을 배워간다.

반죽부터 성형까지 강한 체력과 집중력을 요구하는 도예 작업은 자세히 보면 명상과 닮아있다. 작업이 시작되면 흙과 자신의 대화에 온전히 몰입해야 하고 흘러가는 것들에 붙잡혀 있지 않아야 좋은 작품을 얻어낼 수 있다는 것.

곁에 앉아 교정해 주며 매끄러운 손놀림으로 작업하는 그의 곁엔 아직 유약을 입지 않은 아름다운 굴곡의 맨몸 도자기들이 일렬로 줄지어 있다. 성형이 끝난 도자기는 완전히 단단해지지 않을 정도로 적당히 말린 뒤 굽을 깎아내고 다듬어 완성한다. 도자기에 유약을 올리는 과정을 몇 차례 반복한 뒤 뜨거운 가마에 들어가면 모든 작업이 마무리된다.

흙을 물레에 던지고 형태를 잡고 조심스럽게 유약을 발라 가마에 넣은 뒤 긴 시간의 기다림. 그 결과는 늘 알 수 없다. 기대한 모양과 색감이 나와 작품이 되기도 하고 때로는 깨져 나오거나 전혀 다른 빛을 내기도 한다.

덴마크엔 토세이 같이 동양식 차 도구를 만드는 곳이 흔하지 않지만, 그밖에 다양한 종류의 아름다운 세라믹을 찾아볼 수 있다. 코펜하겐 시내를 돌아다니면 수공예 도자기를 만드는 개인 공방들을 쉽게 만날 수 있으며 크고 작은 세라믹 브랜드들이 각자의 개성이 담긴 도자기를 만들어 낸다. 손으로 만드는 일을 귀하게 여기는 이곳에선 세라믹과 같은 공예품을 종종 선물로 주고받는 걸 볼 수 있다.

디자인과 작업 방식은 시대에 따라 조금씩 변해왔지만, 북유럽 그릇의 본질적인 매력인 순수한 색과 질감을 잘 표현하는 능력은 변함없이 유지되고 있다. 단순하면서도 기능적이고 정직한 디자인의 도자기들은 어쩐지 덴마크인들과 많이 닮아 있다.

+++　토세이 스튜디오 TOSEI
　　　Brolæggerstræde 6, kid, th, 1211, Kœbenhavn K

기꺼이 좋은 빵을
기다리는 마음

―――――

오전 여덟 시, 이른 아침부터 외스터브로의 한적한 골목 끝에 길게 줄이 늘어선다. 추운 날씨에도 불구하고 단단히 챙겨입고 나와 줄을 서는 사람들. 동네의 맛있는 빵을 담당하는 '주노 베이커리Juno the Bakery'에서 하얀 봉투에 한가득 빵을 담아 나오는 사람들이 보인다.

평소에도 이렇게 기다리는 이들이 많지만, 성 루시아의 날을 맞이해 만든 샤프론 번을 사기 위해 더 많은 사람들이 대기열에 동참했다. 샤프론 번을 한입 베어 물며 나오는 사람들의 흐뭇한 미소와 멀리서부터 골목을 채우는 구수한 빵 냄새는 사람들의 발걸음을 자연스럽게 이끈다.

이른 아침 차가운 바람에 옷깃을 여미며, 눈으로는 안에서 분주하게 움직이는 사람들의 모습을 천천히 따라가고 있었다. 넓은 원목 테이블에 서서 빵 반죽을 펼쳐놓고 자르고 굴리며 모양을 잡아가는 젊은 남녀들. 한쪽에선 발효를 마친 빵을 재빠르게 솔질하며 오븐에 집어넣고 다른 쪽에선 오렌지빛의 샤프론 빵 반죽을 손에 얹어 돌돌 말아가며 번을 만든다. 통유리창을 통해 스며 들어오는 햇빛이 쉬지 않고 움직이는 제빵사들의 손을 비추며 작은 주방 안 한편의 생생한 영화를 만들어 낸다.

외스터브로 골목에서 처음 문을 열어 지금껏 한자리를 지켜온 주노 베이커리는 늘 신선하게 구워낸 빵과 달콤한 페이스트리로 한결같이 사람들을 맞이하고 있다. 스웨덴에 뿌리를 둔 에밀Emil Glaser은 일찍이 미쉐린 레스토랑 노마에서 페이스트리 셰프로서 일을 시작했고, 파리를 비롯해 여러 곳에서 경험을 쌓은 뒤 코펜하겐으로 돌아와 주노 베이커리를 열었다.

덴마크와 스웨덴 전통을 결합한 주노의 페이스트리는 이전에 찾아볼 수 없던 맛을 만들어 내며 큰 관심을 받기 시작했다. 기본적인 라이브레드와 사워도우 같은 식사용 빵부터 크루아상, 시나몬 번, '스팬다우어Spandauer' 같은 달콤한 페이스트리들이 진열장을 채우고 계절에 맞춰 정기적으로 메뉴를 더해 나간다.

매년 초가 되면 휘핑크림, 구운 아몬드, 마지 팬을 넣어 만드는 스웨덴 전통 디저트인 '셈라Semla'로 추운 겨울을 이겨내고 날이 따뜻해지기 시작하면 '루바브Rhubarb'와 딸기를 넣은 파이로 여름의 시작을 알린다.

북유럽에서 전통적으로 내려오는 성 루시아의 날을 맞이해 먹는 샤프론 빵의 기존 모양에서 주노 베이커리만의 방식으로 재해석해 황금빛 샤프론 번 위에 히얀 눈 같은 굵은 설탕을 뿌려 마무리한다.

주노 베이커리에서 가장 인기가 좋은 시나몬 번과 카르다몸 번은 굽기가 무섭게 팔려 나간다. 계피, 카르다몸과 같은 따뜻한 향의 디저트들이 길고 추운 겨울을 나는 덴마크인의 하루를 한결 포근하게 만들어주어서가 아닐까.

줄이 서서히 줄어들며 나의 차례가 왔다. 샤프론 빵 세 개와 커스터드 크림으로 가득 채워진 스판다우어를 주문한다. 하얀 봉투에 감싸져 나오는 샤프론 빵의 향긋함이 코끝으로 퍼져 나간다. 나오는 길에 한입 베어 물자 앞서 지나간 이들처럼 만족스러운 미소가 피어오른다!

어릴 적 빵집에 가면 늘 버터로 결을 내어 바삭하게 구워낸 페이스트리류의 빵을 '데니쉬 빵'이라고 부르곤 했다. 덴마크식 빵을 지칭하는 이름이었다는 건 나중에야 알게 되었다. 덴마크엔 데니쉬 빵이 존재하지 않지만, 그 대신 '바이너브로Weinerbrød'라는 이름으로 다양한 페이스트리가 만들어진다. 한때 제빵사들의 파업으로 일손이 부족했던 덴마크에 오스트리아 비엔나의 제빵사들이 다수 오게 되었고, 여기서 유래되어 바이너브로가 되었다. 오스트리아 제빵사들의 요리 법과 손기술, 낙농업이 발달한 덴마크의 유제품이 만나면서 결이 살아있고 맛있는 페이스트리가 완성될 수 있었다.

시나몬이 듬뿍 담긴 '카넬스네일Kanelsnegle'부터 커스터드 크림이 담긴 스팬다우어, '포피 시드Poppy seed'와 마지 팬이 올려진 '테비에크스Tebirkes'까지 다양한 종류의 페이스트리를 찾아볼 수 있다.

내가 가장 좋아하는 테비에크스는 자작나무라는 뜻을 가진 페이스트리로 안에는 버터와 설탕, 아몬드로 만든 필링이 채워지고 빵의 겉면엔 포피 시드가 올려져 있다. 버터와 아몬드의 진한 고소함을 담은 필링은 종종 구울 때 양옆으로 길게 꼬리를 내밀며 구워지기도 하는데, 사실 이 부분이 테비에크스의 가장 맛있는 부분이다!

프랑스식 제과의 진한 버터 향과 바삭한 바게트 식감을 기대한다면 실망할 수도 있지만, 덴마크식 라이브레드의 기분 좋은 쿰쿰함과 계피와 흑설탕이 가득 올려진 시나몬 롤은 그 아쉬움을 충분히 달래준다.

주노 베이커리와 동시에 이곳에서 가장 큰 관심을 받는 '하트 베이커리Hart bageri'는 빵을 사랑하는 여행자들이라면 꼭 한 번쯤 발걸음을 하는 곳으로 베스터브로에 처음 상점을 열었다. 두 개의 눈이 달린 귀여운 손 모양의 로고는 이곳의 헤드쉐프이자 오너인 리처드 하트Richard Hart의 문신을 따서 만들었는데, 이곳에서 나오는 모든 것이 손에서 나온다는 것을 상징한다.

리처드 하트는 빵 애호가들에게 잘 알려진 샌프란시스코의 베이커리 '타르틴Tartine'의 수석 베이커였다. 그는 레스토랑 노마와 함께 코펜하겐에 베이커리를 열었고, 최근에는 두 곳의 매장을 추가로 열었다. 오픈 키친으로 지어진 매장에서는 기다리는 동안 창을 통해 작업하는 모습을 볼 수 있다. 주문을 받는 직원 뒤의 진열장엔 사워도우들이 배를 한껏 내민 채 쌓여있다. 차가운 냉장 코너엔 연어와 '그레몰라타Gremolata'를 넣은 샌드위치와 같은 찬 음식들이 진열되어 있고 빵과 함께 곁들일 버터와 치즈, 디저트로 먹을 수제 아이스크림까지 가지런하게 사람들을 기다리고 있다.

2018년, 문을 연 하트 베이커리는 호밀빵을 사랑하고 익숙한 맛을 선호하는 덴마크인에게 미국식 사워도우의 세계를 열어주었다. 이후, 코펜하겐에 사워도우 붐이 일면서 현재는 덴마크 체인 베이커리인 '라케후스Lagkagehuset'와 같은 곳에서도 쉽게 찾아볼 수 있게 되었다.

덴마크에서 인기가 좋은 페이스트리를 하트 베이커리에 맞는 레시피로 재창조하여 만들고, 덴마크인의 추억의 음식인 소시지 롤에 큐민과 같은 향신료를 가득 넣어 풍미를 더하는 등 전에 없던 독특한 미식 경험을 선보인다.

리처드 하트는 빵을 구울 때 효모로 사용되는 사워도우를 애완동물 다루듯 조심히 다뤄야 한다고 강조한다. 빵이 유기체임을 알고 매일의 날씨에 알맞은 온도와 다루는 법을 배워야 좋은 빵을 구울 수 있다고 가르친다. 덴마크인의 주식이자 우리에게 밥과 같은 빵.

단순한 식사를 즐기는 덴마크인들에게 질 좋은 빵은 맛있는 쌀을 선택해 밥을 짓는 일과 같으며, 일상에서 중요한 부분이기에 좋은 빵을 얻기 위해 기다림을 마다하지 않는다. 빵의 고유한 뉘앙스와 풍미를 찾기 위해 끊임없이 새로운 레시피를 개발해 나가는 베이커리는 지금, 이 순간도 매일 신선한 빵을 전해주기 위해 이른 아침부터 분주하다.

+++ 주노 베이커리 **Juno the bakery**
Århusgade 48, 2100 København, Denmark

하트 베이커리 **Hart**
Gl. Kongevej 109, 1850 Frederiksberg C, Denmark

사순절의
페스텔라운볼러

————

호숫가를 따라 피어나는 스노우 드롭, 흰 아몬드를 닮은 잎들이 하나둘 올라오며 새로운 계절의 문턱에 다가설 준비를 한다. 겨울의 한가운데 서서 봄의 기운을 내려는 듯 작은 생명의 움직임이 시작된다. 하얀 담요로 얼굴을 감싼 채 보내는 작고 섬세한 신호에 끝끝내 봄이 올 거라는 희망을 품으며 두 계절을 오간다.

겨울이면 몸을 녹녹하게 녹여줄 팥죽을 먹고 날이 포근해지는 봄이 오면 향긋한 봄나물을 먹으며, 새로운 계절을 맞이하는 우리의 몸에 밴 오랜 습관들처럼 덴마크에도 계절에 따른 기념일마다 함께하는 음식이 있다. 기온의 변화와 함께 계절 음식의 의미가 점점 축소되고 있지만, 한 편에선 고스란히 전해져 온 전통을 소중히 여기며 지켜내고자

하는 마음이 모여 이어지고 있다.

덴마크에서는 여전히 많은 기념일이 기독교 전통에 뿌리를 둔다. 예수님께서 광야 금식을 하던 40일을 기억하며 그리스도인들이 참회와 기도, 금식을 행하는 사순절은 북유럽에서 깊은 의미를 지니게 되었다.

2월 중순, 부활절을 앞둔 40일간 몸과 마음을 경건하게 보내는 사순절이 되면, 베이커리에서 '페스텔라운볼러 Fastelavnsboller'를 판매하기 시작한다. 많은 이들이 더 이상 사순절을 지키지 않지만, 기독교 금식 기간 전 마지막 축하 잔치에서 빵을 먹던 날을 기념하는 페스텔라운은 종교와 관계없이 그대로 남아 북유럽 전통 축제로 전해져 오고 있다.

푹신한 브리오슈 반죽에 커스터드 크림을 넣어 만드는 전통 페스텔라운볼러는 최근 베이커리마다 개성 있는 레시피로 재해석해 판매되고 있다. 바삭한 페이스트리 안에 버터크림과 설탕, 마지 팬을 넣은 레몬 소스를 추가하거나 제철 과일잼과 초콜릿, 견과류 등을 듬뿍 채워 넣어 개성을 더한다. 본래는 아이들 간식으로 인기가 있었지만 다양한 맛을 추가한 페스텔라운볼러가 나오기 시작하면서 어릴 적의 맛을 그리워하는 어른들에게 더욱 사랑받고 있다.

덴마크와 맞닿은 스웨덴에서는 페스텔라운볼러와 비

숫한 형태로 셈라를 만드는 전통이 있다. 담백한 브리오슈에 아몬드를 가득 넣고 크림으로 마무리하던 셈라 역시 최근엔 브리오슈 반죽에 향이 좋은 카르다몸을 가득 넣어 만들거나 스웨덴의 대표적인 프린세스 케이크와 결합하는 등 전통적인 방식에서 벗어난 레시피를 내놓고 있다.

스웨덴의 국왕이 셈라에 우유를 넣은 '헤트베이그Hetvägg'를 가득 먹고 소화불량으로 사망했다는 이야기도 있을 정도로 맛있는 셈라는 2월 한 달, 스웨덴의 베이커리의 진열장을 차곡차곡 채운다. 섬세하고 부드러운 바닐라에 쌉쌀한 초콜릿, 상큼한 맛을 더해 줄 루바브와 프룬까지.

일 년에 한 번 마음껏 달콤한 덴마크식 크림빵을 먹을 수 있는 시간이 돌아왔다. 한 입 베어 물기 시작하면 하나로 그치기에 아쉬운 달콤하고 사랑스러운 맛의 페스텔라운볼러는 마치 어린아이의 마음처럼 겨울의 시간을 설렘으로 채워준다. 여느 때와 같이 집 우편함에 꽂아 둔 동네신문엔 각종 사순절 음식 조리법과 페스텔라운볼러 레시피가 풍성하게 담겨 있다. 올해는 집에서 직접 구워 볼 요량으로 자세한 조리법이 담긴 신문 한 귀퉁이를 손에 쥐고 한 자 한 자 읽어나간다.

페스텔라운볼러
Fastelavnsboller

재료	· 바닐라빈 1/4개	· 우유 150ml
	· 설탕 3큰술	· 버터 180g
	· 소금 1작은술	· 밀가루 300g
	· 이스트 25g	· 달걀 2개

1. 작은 팬에 버터를 녹이고 우유를 넣고 섞어준다.

2. 이스트를 잘게 부수어 넣고 이스트가 녹을 때까지 버터와 우유를 넣어준다.

3. 계란, 바닐라빈 1/4개, 설탕을 넣어 잘 섞어준다.

4. 소금과 밀가루를 잘 섞어 넣고 반죽이 부드러워질 때까지 치대어 준다.

5. 행주를 위에 깔고 10시간 정도 부풀게 놓아둔다.

6. 반죽을 네모낳게 밀어 12등분으로 나눈다.

7. 각 반죽에 잼 혹은 초콜릿을 넣어주고 반죽 가장자리를 조심스럽게 접어 닫아준다.

8. 200도의 오븐에서 15분 동안 구워준다.

9. 와이어 랙에서 빵을 식혀준 뒤, 취향에 따라 커피 크림 혹은 바닐라 크림, 슈거파우더를 뿌려 완성한다.

우리만의
작은 피크닉

―――――

고요해진 도시.

부활절 연휴를 맞이해 각자 긴 휴가를 보내러 사람들이
도시를 떠나고 거리는 텅 비어 한산해졌다. 이맘때쯤에 덴
마크인들은 각자의 별장으로 가서 쉬거나 가까운 곳으로
여행을 계획해 둔다. 우리는 별다른 거창한 계획 없이 아직
가보지 않았던 근교에 다녀오기로 정했다.

어디가 좋을까, 둘이 지도를 보며 고민하다 문득 오래전
친구가 이야기해 준 오픈에어 뮤지엄이 떠올랐다. 찾아보
니 도심에서 멀지 않은 곳에 있어 이참에 뮤지엄이 있는 지
역인 링뷔를 둘러보고 오자 이야기하곤 내일을 위해 일찍
잠을 청한다. 새벽 5시 반이 되자 소풍 가는 어린아이처럼
설레는 마음에 일찍 눈이 뜨였다. 침대에서 일어나 몸을 개

운하게 쭉 펴 늘린 뒤 물 한 컵 마시며 하루를 시작한다.

제일 먼저 날씨를 확인했다. 오후 내내 날은 흐리지만, 다행히 비 소식은 없다. 아직 날이 쌀쌀해 추울 수 있으니 보드라운 담요를 챙기고 따뜻한 물도 가방에 넣어둔다. 일찍 일어난 김에 점심으로 먹을 유부초밥과 김밥, 그리고 달걀 샌드위치를 만들기 시작한다.

쌀을 깨끗이 씻어두고 다시마 한 장을 넣어 쌀을 불리는 동안 샌드위치를 만들고, 커피를 내려 보온병에 담는다. 밥이 다 되어갈 때쯤 솔솔 올라오는 구수한 향에 벌써 배가 고파진다. 고기를 다져 팬에 볶은 뒤 양파를 넣어 유부초밥을 완성하고 집에 남아 있던 루콜라와 참치를 양념해 김밥을 만든다. 가지런히 잘라 도시락통에 넣다 터진 유부초밥과 김밥 꼬투리를 입으로 쏙 집어넣는다. 입안 가득 퍼지는 추억의 맛. 소풍 날이면 도시락을 싸던 엄마 곁에 앉아, 터진 김밥을 집어 먹던 어린 시절의 장면이 떠오른다.

자, 이제 갈 준비가 다 되었다!

차로 30분 정도 달려 도착한 '프리랜스무세Frilandsmuseet' 오픈에어 뮤지엄은 덴마크의 옛 생활상을 고스란히 간직한 야외 민속 박물관이다. 도착지에 다다라 표를 끊으려 기다리다 보니 아이들과 함께 구경 온 가족 단위 손님들이 가득했다. 어린이들은 무료로 관람이 가능하기에 연휴에 맞춰 아이들과 함께 나온 모양이었다.

표를 받아 들고 입구를 지나 들어서자 넓은 들판에 오래된 덴마크식 집들이 띄엄띄엄 자리하고 있다. 오래된 마을을 재건해 만든 이곳은 백년이 넘는 시간 동안 세월을 거치며 사람들을 맞이한다. 그중 하얀 시멘트벽에 지푸라기를 엮어 만든 지붕이 덮여 있는 한 집으로 들어서자, 오래된 나무 벽과 돌바닥이 눈에 띄었다. 창 너머로 비치는 그림 같은 농가의 풍경, 마치 시간을 거슬러 올라간 듯한 이 기분.

이곳을 스쳐 지나간 수많은 사람들의 세월이 고스란히 느껴졌다. 지금은 찾아보기 어려운 벽장 속 나무 침대를 감싸는 분홍빛 체크무늬 커튼과 침대 위로 자잘하게 수 놓인 이불을 보다, 아직 잠이 오지 않아 눈을 말똥거리는 아이들의 모습이 보이는 것만 같아 웃음이 났다.

아궁이와 연결된 화로 곁으로 담요가 반쯤 걸쳐진 흔들 의자를 보며 여기서 누군가 의자에 몸을 파묻고 책을 읽으며 시간을 보냈겠지, 상상도 해본다.

빛바랜 카펫과 중후한 색감의 덴마크식 가구들, 벽에 걸린 나무 액자와 촛대가 한데 어우러져 그림 같은 풍경을 자아낸다. 바깥으로 가는 길, 주방에 들어서니 땟물이 가득한 나무 선반 위엔 주물로 만들어진 두꺼운 냄비와 커피 그라인더, 흙 항아리가 사이좋게 놓여 있고 화롯가엔 그을린 자국과 켜켜이 쌓인 재가 그대로 남아있다.

집 앞에 처진 커다란 울타리 안에선 양들이 느릿한 발걸음으로 이동하며 풀을 뜯고 있었다. 집집마다 들어가 구경하고는 출출해져 마을 가운데 위치한 작은 빵집으로 걸음을 옮긴다. 길가에 보이는 오래된 저택과 농가들, 허브 정원. 터덜터덜 걸어 다니며 오는 이들에게 동네를 안내해 주는 듯한 긴 머리의 갈색 말들이 눈에 들어온다.

빵집에 다다르자, 모락모락 김이 나는 부엌에서 에이프런과 두건을 쓴 사람들이 반죽을 하며 분주히 움직이고 있다. 문을 열고 들어가자 따뜻한 버터 향이 온 방을 가득 채우고 나이가 지긋한 할머님이 하던 일을 멈추고 반갑게 인사했다. 갓 구워낸 부활절 쿠키이니, 먹어보라고 건네주신다. 한입 베어 물자 입에 퍼지는 녹진한 버터 향, 쿠키 하나를 입에 넣은 채 천천히 주변을 둘러본다.

옛 덴마크 시대의 문화를 고스란히 표현해 낸 작은 마을을 보니 이곳을 찾는 모든 이에게 좋은 경험을 선사하기 위한 노력이 곳곳에서 느껴졌다. 마치 한 폭의 그림 같던 시간. 그곳엔 오랜 세월이 자아내는 아름다움이 있다.

박물관 구경을 마치고 나오는 길, 아쉬운 마음에 몇 번을 돌아보았다. 다음번에 꼭 다시 와야겠다고 약속하며 점심을 먹으러 링뷔에 있는 푸어쇠Furesø 호숫가로 이동했다. 차로 갈 수 있는 곳은 숲으로 들어서기 전 여기까지.

차를 이곳에 두고 내려 걷기 시작하니, 양옆으로 키가 큰 나무들이 빽빽하게 길을 메우고 있다. 코로 숨을 들이마시고 내쉴 때마다 깨끗하고 차가운 공기가 몸의 구석구석으로 퍼지는 것만 같다. 아직 한창 쌓여있는 나뭇잎들 위로 걸음을 옮길 때마다 나는 사각사각 소리와 함께 새들이 나지막이 울어댄다. 숲을 지나 한참을 걸으니 작은 연못이 보이기 시작한다.

숲길 오른편엔 군데군데 무심하게 심어둔 전나무들이 올해도 그렇듯 크리스마스가 오길 기다리고 있었고, 그 길을 한참 따라갔지만, 우리가 생각하던 푸어쇠 호수는 찾을 수 없었다. 어디라도 앉을 곳을 찾아야겠다고 생각하던 찰나, 나무집이 눈에 들어왔다. 얼기설기 세워 둔 나무집 속에는 통나무 의자와 쓰러져 있는 캔들이 이미 다녀간 사람들의 시간을 보여주고 있었다.

자리를 정리하고 가져온 담요 위에 앉아 우리만의 작은

피크닉을 즐겼다. 울창한 숲속 새소리를 들으며 즐기는 점심, 때마침 커다란 나뭇가지 사이로 햇빛이 스민다.

식사를 마친 뒤, 눈을 감고 숲 소리에 귀를 기울여 본다. 이 평화로운 순간을 마음에 사진 찍듯 담아둔다. 한 가지 감각에만 집중할 수 있는 시간이 과연 우리에게 얼마나 주어질까. 고요한 적막 너머 새들의 노래가 울려 퍼진다.

+++ **Frilandsmuseet**
목 – 일요일 개관, 월, 화, 수 휴관
Kongevejen 100, 2800 Kongens Lyngby

부활절 달걀과
감초 젤리

———

이른 아침, 웬일로 초인종이 울린다. 혹시 하는 마음에 문을 열자 환한 미소로 동네를 담당하는 우체부가 작은 상자를 건넨다. 부활절을 기념해 보냈지만 뒤늦게 도착한 소포엔 좋아하는 달걀 모양의 초콜릿과 신맛이 도는 감초향 캔디, 그리고 멀리서 부활절을 함께 축하한다는 다정한 편지가 담겨 있었다.

핀란드에서 부활절을 맞이하여 먹는 음식 중 하나인 '맘미mammi'는 호밀로 주재료로 한 디저트로 맛이 쓰고 독특해 바닐라 혹은 초콜릿과 곁들여 먹는다. 상하면 안되는데 너무 늦게 도착했다고 속상해하는 이바의 어머니. 간식을 좋아하는 우리를 위해 이것저것 골라가며 가득 담았을 생각을 하니 마음이 뜨거워진다. 감초 젤리에 초콜릿을 입혀 코팅한 캔디를 하나 입에 물어본다. 달콤하고 쌉쌀한 맛, 혀끝에 남는 진한 '리코리스Licorice' 향에 다정한 그녀의 마음이 고스란히 녹아 있다.

오후 두시, 점심을 먹은 뒤 커피와 초콜릿들을 바구니에 담아 집을 나선다. 이렇게 날이 좋은 날이면 사람들이 집 근처 공원을 찾아 나선다. 한 해에 세 달뿐인 반짝반짝한 이 순간들을 놓치지 않고 싶은 마음이리라.

집에서 멀지 않은 공원은 규모가 크진 않지만 날이 따뜻해지면 많은 사람들이 모인다. 맥주를 한아름 들고와 친구와 시간을 보내는 사람들, 돗자리 위에 엎드린 채 등으로 해를 맞는 사람들, 아이들과 함께 피크닉을 하러 오는 사람들, 그리고 나처럼 혼자만의 시간을 보내고 싶어 쉬는 사람들이 있다.

푸릇 푸릇 돋아나는 새순들처럼 길을 걷다 마주치는 사람들의 얼굴엔 행복한 미소가 가득하다. 긴 겨울 끝에 맞는 따뜻한 나날들, 어쩌면 한 해의 짧은 순간 누릴 수 있는 사치이기에 그 시간을 최대한 만끽하려는 게 아닐까.

떨어진 빵 부스러기를 궁금해 하는 부리가 긴 새들의 움직임, 뒤로는 봄바람에 흔들리는 겨울 나뭇가지의 그림자가 시선 위로 기분 좋게 오고 간다.

해 질 무렵 운하길을 따라 이어지는 호수의 풍경은 아침과는 다른 모습을 자아낸다. 저물어가는 석양은 크리스틴 쾨브케Christen Schjellerup Köbke의 그림처럼 보랏빛과 옅은 붉은 빛의 광채로 서서히 하늘을 덮어가며 어둠에 자리를 내어준다. 잔잔했던 호수는 바람에 나지막이 흔들리며 물결을 일어내고 굽이치는 산책로를 따라 시적인 정경을 만들어낸다.

"무거웠던 마음이 서서히 사라지고 삶은 다시 경쾌해졌고, 하늘은 아름다워졌으며, 산책길은 의미심장한 길이 된다. 그런 시간이 되돌아오면 나는 아픈 몸이 회복되었을 때처럼 나른함과 피곤함을 느끼기도 하고, 어쩔 때는 쓸쓸함을 느끼지 못하는 굴복감을 맛보며,

자기 스스로를 경멸하지 않는 고마운 마음을 갖게 된다."

– 『삶을 견디는 기쁨』, 헤르만 헤세

    이따금 도시의 한 가운데서 마주치는 이 그윽한 한적함은 늘 고맙게 다가온다. 하루가 다르게 변하는 현 사회에서 이유 없이 바쁜 마음이 불쑥 올라올 때면 가장 단순한 걷기를 반복하며 생각을 비워냈고 깊은 고요 속에서 스스로를 돌보고 내면을 마주할 용기를 얻었다.

    쉼의 능력을 잃어가는 인간에게 도심 속 자연은 잠잠한 위로를 전해주며 언제든 찾아올 수 있도록 그 자리를 지킨다. 그리고 쉬어가는 법을 일러준다. 자연이 맞닿은 이 도시에서 가까운 공원으로 호수로 숲으로 그리고 드넓은 바다로 어수선한 마음을 흘려보내고 미처 눈치채지 못한 계절의 미세한 변화를 읽어내는 묘미를 찾아가며 몸에 들어간 긴장을 잠시 내려놓기도 한다.

    어느덧 코펜하겐에서 다섯 번의 해를 지나며 이제는 제법 이곳의 생활에 적응해 나간다. 서울과 비교하면 작은 규모의 도시에서 보내는 일상은 대체로 단순하지만, 느림이 몸에 배어 있는 이곳의 문화를 통해 천천히 나만의 방식으로 시간을 보내는 법을 배운다. 대단할 것 없는 일상 가운데 좋았던 순간들을 붙잡아 두고 느슨히 음미하며 보낸다.

글로 적어 내려가며 돌아보게 된 지난 시간은 단순히 빛나는 날들의 연속이 아닌 슬픔과 좌절, 행복과 애틋함이 버무려져 있었고 그래서 더더욱 코펜하겐은 나에게 낭만이다.

글을 마무리하는 과정에서 애정하는 이 도시를 제대로 담아낼 수 있을까 걱정스러운 마음에 다 써나간 글들을 몇 번씩 썼다 지우기도 하고 지난 일기들을 펼쳐 읽어 나가며 기억을 더듬어 한 자 한 자 완성했다.

나의 정제되지 않은 언어들을 정성스럽게 묶고 다듬어 준 에디터님, 늘 믿음으로 응원해 주는 든든한 가족, 이야기들이 나오기를 함께 기다려준 고마운 친구들, 이 여정을 곁에서 함께 고민하고 묵묵히 응원해 준 이바에게 지면을 빌려 감사의 마음을 전한다.

작가와의
대화

———————————

간단한 자기소개 부탁드려요.

현재 덴마크 코펜하겐에서 절기식사회와 차회를 열며, 종종 오브제를 셀렉하고 판매하는 일을 하는 김성은이라고 합니다. 서울에서 나고 자라 파리에서의 유학 생활을 마치고 코펜하겐에 5년째 살고 있어요.

작가님의 유년 시절은 어땠나요?

어렸을 땐 낯을 가리고 조용한 편이었어요. 소리에 관심이 많아 혼자 피아노를 연주하며 간단한 음악을 만들기도 하고, 짤막한 시를 노트에 적어 남겨두기도 했어요. 장난기 있고 예측 불가능한 아이라 가끔 부모님을 놀라게 해 드리곤 했대요.

그렇다면, 지금의 작가님은 어떤 성향의 사람인가요?

외향과 내향으로 나누자면 내향적인 쪽에 가까운 것 같아요. 집에서 보내는 시간을 좋아하고, 혼자 충전하는 시간을 통해 에너지를 얻어요. 많은 사람과 함께 만나는 것보단, 일대일로 만나

깊은 대화를 나누는 것을 선호해요. 사람이 많은 자리를 편안해하진 않는데, 지금 하는 일은 그사이 중간 지점을 찾아 즐겁게 하고 있어요.

해외에서의 삶에 대한 동경이 있었나요?

다른 곳에서의 삶에 대한 동경이라면, 스페인의 벤포스타가 처음이지 않을까 싶어요. 비록 현재는 사라져 버린 나라지만, 전혀 다른 법규에 따라 생활하는 사람들과 부딪혀 살아보고 싶다는 호기심이었던 것 같아요. 청소년기에는 막연하게 파리에 대한 동경이 있었고요. 파리에 대한 책과 영화를 접하며 알 수 없는 끌림을 느끼게 되면서 언젠가 꼭 살아보고 싶다고 생각했어요.

꿈이 많은 아이였네요. 언제부터 음식과 관련된 작업을 꿈꾸게 되었나요?

대학교 시절 우연히 '비위치'라는 가게에 방문한 이후부터 관심이 생겼어요. 신사동 좁은 골목 끝 아담한 가게에 주인 분께서 매일 따뜻한 수프와 빵, 카운터 옆 큼지막한 케이크를 정성스럽게 준비하며 손님을 기다리고 있었어요. 그 가게만 가면 왠지 모르게 편안해져서 좋아하는 친구들을 데려가서 맛보여주거나 집에 돌아와서 직접 이런저런 케이크를 만들어 보았어요. 주인분과 얼굴이 익숙해지면서 많은 이야기를 나누었고 언젠가 이런 따뜻한 가게를 만들면 좋겠다고 생각했어요.

유학생 시절과 지금, 프랑스와 덴마크 두 나라에서 겪은 음식 문화는 어떤 차이가 있나요?

두 나라 모두 전통음식을 아끼고 사랑한다는 점이 비슷해요. 덴마크는 노르딕 퀴진을 통해 미식 문화가 급성장한 도시 중 한 곳으로 재료 본연의 순수한 맛을 추구하고 유기농 제철 요리를 만들어요. 간결하지만 아름다운 북유럽 사상과 문화를 요리에 담았다고 할 수 있어요.

프랑스는 오랜 미식의 역사를 바탕으로 전통 음식에 강한 자부심을 가지고 있어요. 풍부한 식재료와 질 좋은 와인, 천여 종이 넘는 치즈를 얻을 수 있는 지리적 환경에서 고유의 식문화를 만들어냈죠. 어른, 아이 할 것 없이 식사 예절을 중요시해서 식당 서비스에서도 상대적으로 격식 있는 프랑스와 비교해 봤을 때 덴마크는 캐주얼한 서비스를 제공해요. 무엇이 더 좋고 나쁨은 없지만, 상대적으로 파리는 음식 문화의 역사가 깊기에 다채롭고 신선하고, 아직까진 덴마크의 젊은이들은 전통 음식에 더 길들어 있다고 느껴져요.

타지에서 한국식 '차회tea gathering'를 열게 된 계기는 무엇인가요?

현지의 티 하우스에서 한국식 재료를 가미해 만든 차와 다식을 선보이며, 사람들의 반응을 보았던 게 첫 시작이었어요. 이를 계기로 종종 모임을 만들며 음식을 소개하게 됐어요. 궁극적으로는 나라에 국한된 음식을 만들고 싶지 않지만, 귀한 한국 음식 중 잊혀가는 조리법이 많다고 생각해 이를 잘 살리고 싶었어요.

상대적으로 잘 알려진 일본 디저트에 비해 한국 다과는 비교적 알려진 바가 적은 편이라 다들 신선해 해서 차와 함께 잘 소개하고 싶다는 마음을 가졌어요. 차와 다과를 중심으로 처음 보는 이들이 둘러앉아 친구가 되어가는 과정을 보면, 음식을 중심으로 직접 만나 소통하는 일의 소중함을 느껴요. 덴마크는 커피를 마시는 사람이 대부분이라 동양차에 관심을 갖는 극소수의 사람을 주기적으로 초대하는 게 쉽지 않긴 하지만요.

그래도 차를 즐기는 사람이 점점 늘어나고 있는 것 같아요.

예전에 비해 차에 대한 인식이 달라지고, 새로운 공간에서 사람들이 다가가기 쉽게 변화한 것이 하나의 이유라고 생각해요. 또한 차 도구가 보편화되면서 편한 이미지로 받아들여진 점도 있고요. 바쁜 현대인들이 '차 생활'을 통해 쉼을 얻는 동시에, 차회가 형식에 그치지 않고 차를 사랑하는 이들과 깊이 알아갈 수 있는 좋은 자리가 되기를 바라요.

차회를 준비할 때 중요하게 생각하는 건 무엇인가요?

절기를 중심으로 다회를 열거나 계절을 느낄 수 있는 좋은 소재나 감각을 깨우는 흥미로운 아이디어가 떠오르면 가지를 뻗어나가요. 모임에 온 이들이 음식을 통해 계절을 온전히 느낄 수 있게 하는 것. 차를 마시고 음식을 나누는 시간에 온전히 집중하고 순간을 음미할 수 있게 하려고 해요.

음식을 다루는 일은 일상과 굉장히 밀접하게 닿아있다고 생각해요. 일과 일상의 균형을 어떻게 유지하시나요?

집에서 요리하는 것을 좋아해서 가족을 위해 만드는 식사는 일로 느껴지거나 힘들지 않아요. 작업이 많은 날은 하루 종일 요리를 하는 경우도 있지만요. 바쁠 땐 남편이 수고를 덜어 주기도 해요. 평소에는 틈틈이 다양한 음식을 만들거나 레시피 작업을 하고, 작업이 많지 않은 시기엔 주로 저장 식품이나 발효 식품을 준비하는 데 시간을 들여요.

서울과 코펜하겐, 두 도시에서 일하며 기억에 남는 순간이 있나요?

코펜하겐에서 첫 다과 모임을 열었을 때 오셨던 분이 해주신 얘기가 지금까지 기억에 남아요. 준비한 다과를 드시면서 '제가 살아온 삶을 여행하는 듯한 기분이 들었다'는 말을 해주셨어요. 음식에 저의 이야기를 녹여내고 누군가 공감해 주었다는 생각에 참 행복했던 기억으로 남아있어요.

수많은 도시 중 왜 코펜하겐이었나요?

제가 도시를 선택하는 기준은 아주 간단해요. 마음이 설레는 곳. 저에겐 파리가 그러했고 코펜하겐이 그랬어요. 누군가 물어보면 늘 같은 대답을 해주곤 해요. 처음 이곳에 방문해 혼자 '루이즈 브로'라는 다리를 건너다 둘러본 모습이 제 안에 사진처럼 남았다고요. 바라보는 것만으로 마음이 행복해지고, 언젠가 이곳에 다시 돌아와 저렇게 살아보고 싶다고 마음먹었죠.

코펜하겐은 작가님에게 어떤 영감을 주는 도시인가요?

이곳의 독특한 계절의 변화가 많은 아이디어를 가져다줘요. 도심에서도 자연을 만날 수 있고 근교에 바다와 숲이 펼쳐져 있어서 자연에서 위안과 영감을 얻을 수 있어요. 자연을 보호하고 지속 가능한 방법으로 발전해 가는 일상의 모든 부분에서 배울 점이 많아요. 덴마크인의 실용적이고 미니멀한 삶의 방식이 삶을 단순하고 간결하게 만드는 법에 대해 매번 생각하게 해요.

코펜하겐에서 좋아하는 공간이 있다면 소개해 주세요.

'코펜하겐 메인 라이브러리København Hovedbibliotek'에 종종 가요. 잘 정돈된 도서관 곳곳에는 앉아서 공부할 수 있는 자리가 있고, 일 층의 '데모크라틱 커피Democratic Coffee'에서 판매하는 페이스트리를 먹으면서 쉬곤 해요. 또 시내 중심에 있는 '블랙 다이아몬드 왕립 도서관Det kgl. Bibliotek'은 덴마크에 온다면 꼭 추천하고 싶은 곳이에요. 베스터브로에는 갤러리가 모여있는 곳이 있는데, 포토 페스티벌이나 관심 있는 작가의 전시를 주로 보러 가요.

코펜하겐의 예술 행사를 추천해 주신다면요?

잘 알려진 '3 days of design'을 포함해 대부분의 예술 행사는 6월에 많이 진행돼요. 그 중 'CPH DOX'는 세계에서 가장 큰 규모의 국제 다큐멘터리 영화제로 정해지지 않은 주제의 실험적인 영화들을 통해 관객들의 세계관을 열어주고 있어요. 가을경에는 일 년에 단 한 번 밤늦게까지 저렴하게 문화생활을 누릴 수 있는

'컬처 나이트Kulturnatten'가 열려요.

작가님의 인생 책이 있다면요?

인생의 시기마다 저를 깨워주는 책이 다르기 때문에 인생 책 한 권을 뽑기는 어려운 일이에요. 현재의 저에게는 헬렌 니어링Helen Knothe Nearing의 『조화로운 삶』과 에크하르트 톨레Eckhart Tolle의 책들이 많은 생각을 하게 해요. 또 글은 아니지만 창의적인 디자이너 브루노 무나리Bruno Munari의 책들, 70년대 단색화 작가들의 책과 좋아하는 사진작가들의 책들을 자주 들여다봐요.

코펜하겐이라는 도시가 '집'으로 느껴졌던 순간은 언제부터인가요?

이 도시가 '집'으로 느껴지기까지는 시간이 걸렸어요. 이곳에 살면서 사람들을 알아가고 도시가 편해졌지만, 외국인에게 닫혀 있는 시스템 때문인지 왠지 모를 이질감이 항상 있었어요. 사람 사이의 관계처럼 단순히 사랑에 빠지는 애정의 단계를 지나, 장단점을 모두 겪으며 깊은 이해의 관계로 들어갔던 순간 집으로 느껴진 것 같아요.

덴마크에 대한 선입견이나 편견도 있을 것 같아요.

'행복의 나라' 덴마크는 상상만큼 이상적이진 않아요. 다수의 덴마크인들은 덴마크가 굉장히 자유롭고 열린 나라라고 생각하지만, 외국인이 정착하기에 결코 쉽지 않은 나라라는 걸 체감하고 있어요. 개인적으로는 덴마크에서의 생활이 제 성향과 잘 맞아 행복하지만, 덴마크에 사는 모두가 행복하거나 도시 자체가 행복을 만들어 주지는 않는다고 생각해요.

덴마크에 대한 오해 중 하나가 사계절 내내 추울 거라고 생각하는 경우도 있을 것 같아요. 봄과 가을이 매우 짧고 여름은 세 달 정도죠. 여름엔 날이 길고 해가 반짝반짝하지만 바다와 맞닿아 있어 바람이 많이 불고 내내 서늘한 날씨예요.

계절마다 어울리는 음식을 꼽는다면요?

봄 음식으로는 한국식 어묵과도 비슷한 '피스커 프리카델러Fiskefrikadeller'와 함께 곁들이는 '레물라드Remoulade', 보라색 양배추 샐러드인 '홀콜'이 있어요. 여름 디저트로는 여름 딸기가 나오는 시즌에 만드는 '콜드스콜'이 가장 유명해요. 다양한 종류의 사과가 나오는 가을철엔 '가멜데이 애블케이크Gammeldags Æblekage'라는 크럼블을 올린 옛날식 애플 케이크를 즐겨 먹어요. 날이 추워지면 조금 묵직한 음식으로, 돼지 껍질을 바싹하게 구워 만드는 '플레스크 스테이Flæskesteg'에 감자와 브라운소스를 곁들여 먹고, 크리스마스 시즌엔 플레스크 스테이에 '브루넬 카토플러'라는 카라멜라이즈한 감자를 함께 먹곤 해요.

코펜하겐의 짧은 여름 동안 꼭 해야 하는 것들이 있나요?

근교 바다 혹은 시내 항구에서 수영하기, 작은 텃밭 만들기, 섬머하우스와 바비큐, 그리고 다양한 뮤직 페스티벌이죠. 여름철 휴가 기간, 근교에 갈 수 있는 곳이 많지만 그중 보른홀름 Bornholm이라는 섬이 아름다운 휴양지로 손꼽히는 곳이에요.

해가 좋은 날에는 얇은 천 한 장과 물, 점심을 들고 공원 혹은 공동묘지를 찾아 피크닉을 하러 가요. 공동묘지에서의 피크닉은 아마 코펜하겐의 조금 독특한 문화가 아닐까 싶은데, 이곳의 공동묘지는 시내 한가운데에 있고, 공원처럼 잘 가꾸어 두어서 누구든 편하게 이용할 수 있어요.

작가님은 삶의 가치를 어디에 두시나요?

삶에 감사하는 마음과 사랑하는 마음을 간직하는 것. '자연스러운 나'로 살아가는 것을 중요하게 생각해 저 자신과 자주 대화하며 삶에 가치에 대해 알아가고 있어요. 가족, 주변 사람들과 시간을 많이 만들려 노력하는 것도 같은 맥락이라 할 수 있어요.

코펜하겐의 생활자로서, 푸드 디렉터로서 새롭게 시도하고 싶은 것이 있다면요?

향후에 덴마크에 티 카페 혹은 차 실을 여는 것을 준비 중이에요. 공간을 열게 되면 단순한 차 실의 개념보다는 다양한 작가들과 협업하며 키워나갈 계획이에요. 음식 만드는 것 외에도 천연 염색한 옷들과 직접 셀렉한 빈티지 오브제를 모아서 판매하고, 저희가 만드는 음악으로 작은 연주회도 할 예정이에요. 조용하고 한적한 곳을 구해 작은 밭에서 저희의 먹을거리를 직접 생산하고, 장기적으로는 이 재료들을 식탁에 올려 식사회를 여는 꿈을 꾸고 있어요.

'휘겔리하다'는 표현이 재밌게 다가왔어요. 하루 중 작가님의 '휘겔리한' 순간은 언제인가요?

얼마 전 떠나보낸 고양이와 함께 보내던 시간, 찻물이 끓는 소리, 오후 네 시에 나누는 달콤한 빵과 커피 타임, 지직거리는 바이닐 소리, 함께 소파에 앉아 좋아하는 영화를 보는 시간, 뜨개실의 감촉이 저에게 휘겔리한 기분을 만들어 주어요.

마지막으로, 이 책을 읽을 독자에게 한 마디 해주신다면요?

언젠가 이곳에 오는 이들 혹은 여행을 꿈꾸는 이들이 이 책을 통해 코펜하겐이라는 도시의 아득하고 흐린 안개가 걷힐 수 있는 계기가 되었으면 해요. 동시에 독자분들이 자신의 일상을 느슨하게 음미할 수 있게 된다면 좋겠어요.

Work for Andersen Andersen x POPYE Magazine

Work for Tekla

Work for FRAMA

푸른 호수 밤 시나몬롤

: 코펜하겐에서 전해온 도시 생활자의 휘겔리한 삶

초판 1쇄 펴냄 2024년 7월 23일
초판 2쇄 펴냄 2024년 8월 23일

지은이 김성은

펴낸이 이윤만
편집장 김태경
책임편집 조은나래
디자인 ROOM 501
일러스트 서지나

펴낸곳 어반북스
주 소 경기도 하남시 미사대로 540 B동 328호
전 화 070-8639-8004
홈페이지 www.urbanbooks.co.kr
블로그 blog.naver.com/urban_books
인스타그램 instagram.com/urbanbookskorea
이메일 info@urbanbooks.co.kr